KB162348

매출 팍팍
포토샵
상세 페이지
디자인

임화연, 김소영 지음

매출 팍팍 포토샵
상세 페이지 디자인

© 2020. 임화연, 김소영 All Rights Reserved.

1쇄 발행 2020년 10월 31일
2쇄 발행 2021년 7월 15일

지은이 임화연, 김소영
펴낸이 장성두
펴낸곳 주식회사 제이펍

출판신고 2009년 11월 10일 제406-2009-000087호
주소 경기도 파주시 회동길 159 3층 3-B호 / **전화** 070-8201-9010 / **팩스** 02-6280-0405
홈페이지 www.jpub.kr / **원고투고** submit@jpub.kr / **독자문의** help@jpub.kr / **교재문의** textbook@jpub.kr

편집부 김정준, 이민숙, 최병찬, 이주원 / **소통기획부** 송찬수, 강민철 / **소통지원부** 민지환, 김유미, 김수연
기획 및 진행 송찬수 / **교정·교열** 박정수 / **내지·표지 디자인** 다람쥐 생활
용지 타라유통 / **인쇄** 한길프린테크 / **제본** 장항피엔비

ISBN 979-11-90665-60-5(13000)
값 17,000원

제이펍은 독자 여러분의 아이디어와 원고 투고를 기다리고 있습니다. 책으로 펴내고자 하는 아이디어나 원고가 있는
분께서는 책의 간단한 개요와 차례, 구성과 저(역)자 약력 등을 메일(submit@jpub.kr)로 보내 주세요.

쇼핑몰, 오픈마켓, 스마트스토어, 모바일을 한 방에!

매출 팍팍 포토샵 상세 페이지 디자인

임화연, 김소영 지음

Jpub
제이펍

차례

차례

머리말

여러분께 인사를 드리기에 앞서 제 삶의 원동력이 되는 한 문장을 소개하려고 합니다. 디자인 회사를 운영하면서 11번가나 네이버 등에서 강의를 하고, 박사 학위를 받아 대학 강단에 서고, 이 책을 포함하여 10여 권의 책을 출간하기까지 저를 꾸준히 성장시키고 앞으로 나아가게 해준 말입니다.

"내가 최선을 다한 그 시간은 나를 배신하지 않는다."

지금 이 책을 보고 계신 분이라면 쇼핑몰을 준비하고 있거나 운영하고 있는 상태에서 더욱 성공적으로 운영하기 위해 끊임없이 노력하는 분일 거라 생각합니다. 끝까지 포기하지 말고 노력해서 꼭 원하는 바를 이루기 바랍니다.

쇼핑몰 매출 향상에 도움이 되는 책

디자인아트플러스를 운영하면서 만나는 여러 쇼핑몰 운영자들의 공통적인 바람은 매출 성장이었습니다. 아마도 모든 운영자의 바람이겠죠? 그런 바람에 조금이라도 도움을 드리고 싶어 '오프라인 매장 직원처럼 친절하게 설명하여 고객을 사로잡을 수 있는 상세 페이지에는 어떤 것들이 있을까?'를 고민하다 이 책을 쓰게 되었습니다.

포토샵은 못 하는 게 없다 싶을 만큼 다양한 기능을 포함하고 있습니다. 그 많은 기능을 다 배우자니 시간이 너무 부족합니다. 그래서 이 책은 상품 상세 페이지 제작에 가장 많이 사용하는 기능 위주로 빠르게 학습할 수 있도록 구성했습니다. 또한 무조건 포토샵 작업만 하는 게 아니라 대표적인 5가지 상품을 선정하여 어떻게 하면 상품의 특징을 잘 표현할지, 고객의 선택을 받게 할지 고민하는 작업부터 시작합니다.

여러분은 이 책을 통해 포토샵을 다루는 데 꼭 필요한 핵심 기능을 배운 후, 내 상품의 장점을 잘 표현할 수 있는 상품 상세 페이지를 직접 제작할 수 있습니다. 이 책에 수록된 5가지 예제를 만들고 나면 '상세 페이지 만들기, 어렵지 않네!'라고 자신감을 얻게 될 것입니다.

포토샵을 배울 시간이 없어 미루기만 했던 분들도 빠르고 쉽게 나만의 상품 상세 페이지를 만들 수 있도록 구성했으니 이 기회를 놓치지 마시기 바랍니다. 온라인에서 상품을 판매하면서 끊임없이 고민하고 노력하는 운영자들에게 도움이 되는 책이 되기를 진심으로 바랍니다.

이 책이 나오기까지 함께 고생해준 김소영과 멋진 기획자 송찬수 과장님, 늘 든든한 배경이 되어 주는 가족과 디자인아트 직원들께 고마운 마음을 전합니다. 무엇보다 이 책을 구매해준 독자 여러분께 감사드립니다.

2020년 10월
임화연 드림

감사의 글

쇼핑몰 상세 페이지를 디자인할 때 가장 중요하게 고민해야 할 부분은 '내 상품의 특징을 어떻게 하면 잘 표현할 수 있을까?'입니다. 그다음으로 중요한 것이 상품 특징을 잘 표현할 수 있는 상품 사진입니다. 아무리 잘 고민해도 상품 사진이 기획을 뒷받침할 수 없다면 상세 페이지의 효과는 절반 이하로 떨어질 것입니다. 이 책에서도 마찬가지입니다. 잘 찍은 다양한 상품 사진이 있었기에 멋진 결과물을 완성할 수 있었습니다. 이 자리를 빌려 이미지를 쓸 수 있게 흔쾌히 허락해주신 여러 쇼핑몰 대표님께 감사드립니다.

◀ 스킨미소

http://www.skinmiso.com/

스킨미소는 '피부가 웃는다'라는 뜻으로 최고의 모공클리닉을 꿈꾸는 브랜드입니다.

고이담 김치 ▶

http://www.tskimchi.com/

'자연', '팔도의 맛', '어머니의 정성'을 고이 담은 '고이담 김치'는 20년 전통의 레시피를 자랑하는 태성김치의 대표 브랜드입니다.

◀ 난닝구

https://www.naning9.com/

온라인 여성 의류 브랜드 인지도 No.1 쇼핑몰입니다.

토키오 ▶

http://www.tokio.kr/

품질 만족으로 지속적인 재구매가 일어나는 남성 의류 전문 브랜드입니다.

이 책의 구성

이 책은 '디자인'도 '포토샵'도 먼 나라 이야기라고 생각했던 분들도 볼 수 있는 책입니다. 지금 당장 [연습] 챕터를 보면서 기본기부터 차근차근 다지는 것이 좋지만, 시간이 없다면 곧바로 [실전] 챕터를 펼쳐 관심 분야의 제품과 유사한 제품의 상세 페이지를 따라 만들어볼 수 있습니다. 이제 이 책이 어떻게 구성되어 있는지, 어떤 결과물을 만들 수 있는지 살펴보겠습니다.

> **주의** 이 책에서 실습하는 디자인 스타일은 사유롭게 활용해도 좋습니다. 단, 실습용으로 제공하는 에제 파일은 학습용으로만 사용해야 합니다. 상업적으로 사용하려면 이미지, 일러스트, 내용, 자격 증명 등을 실제 여러분이 다루는 상품에 관한 내용으로 변경해서 사용하세요.

알고가기 & 연습 01 기초부터 탄탄하게, 기본기 다지기

[알고가기] 챕터에서는 앞으로 실습해볼 상세 페이지에 대한 기초 소양을 쌓을 수 있습니다. 타깃 설정부터 색 사용까지 가볍게 읽고 넘어가세요. 이어서 [연습 01]에서는 포토샵을 처음 사용하는 분들도 빠르게 초보에서 벗어날 수 있도록 포토샵의 핵심 기능을 알차게 담았습니다.

풍부한 사례

기획, 색상 등 디자인 기본기를 설명할 때도 풍부한 사례 이미지를 담아 직관적으로 이해할 수 있게 하였습니다.

핵심만 간단히

포토샵 기초는 실습하면서 충분히 배울 수 있습니다.
하지만 미리 알아놓으면 실습이 더욱 즐거워집니다.
핵심만 정리한 포토샵 기본기도 빠르게 훑어보세요.

오픈마켓, 쇼핑몰, 모바일 어디서나 활용할 수 있는
실전 상세 페이지 디자인

가장 폭넓게 활용할 수 있으면서 제작도 간단한 상세 페이지는 상세 컷을 나열하는 스타일입니다. [연습 02]에서는 의류 쇼핑몰에서 흔히 볼 수 있는 상세 컷 스타일의 상세 페이지를 가볍게 연습한다는 마음으로 만들어봅니다. 이어지는 [실전]에서는 네 가지 상품에 따라 네 가지 스타일로 상세 페이지를 만들면서 실전 감각을 쌓을 수 있습니다. 이 책에 나온 상세 페이지 이미지는 http://bit.ly/ps_result 에서 큰 화면으로 확인할 수 있습니다.

포토샵 설치하기

실습을 진행하려면 포토샵이 설치되어 있어야 합니다. 이 책은 포토샵 2020 한글 버전을 기준으로 진행됩니다. 그러나 버전에 상관없이 실습을 진행할 수 있습니다. 포토샵이 없으면 어도비 홈페이지에서 무료 버전을 다운로드하여 7일간 사용할 수 있으며, 그 이후에는 유료로 비용을 지불한 후 사용해야 합니다.

01 어도비 홈페이지(https://www.adobe.com/kr/)에 접속한 후 [지원]−[다운로드 및 설치]를 선택합니다.

02 다운로드 목록에서 Photoshop을 찾아 [무료 체험판]을 클릭합니다.

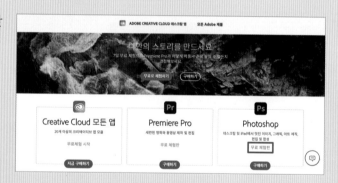

03 포토샵 등 어도비 제품은 7일간 무료로 사용할 수 있습니다. 그 후에는 포토샵 기준, 1년 약정 시 24,000원을 매달 지불해야 합니다. 우선 Photoshop의 [무료 체험판]을 클릭합니다.

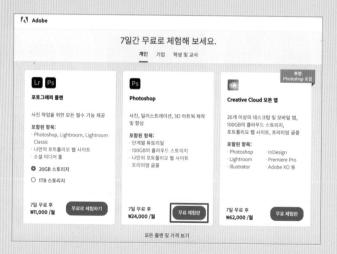

04 이메일 입력 및 개인 정보 사용 약관 등을 읽고 동의(체크)한 후 **[계속]**을 클릭합니다. 유료 사용 시 오른쪽에 있는 구독 약정 옵션을 선택한 후 **[계속]**을 클릭합니다.

TIP 포토샵 플랜 해지하기

유료로 결제하지 않을 계획이라면 7일간의 무료 사용이 끝나기 전에 플랜을 취소해야 합니다. 먼저 https://account.adobe.com/에 접속한 후 로그인합니다. 내 플랜에서 [플랜 관리]를 클릭한 후 플랜 정보에서 [플랜 취소]를 클릭하세요. 이유를 선택한 후 플랜을 취소할 수 있습니다.

---

05 이어서 신용카드 정보를 입력하고 **[무료 체험기간 시작]**을 클릭합니다. 7일은 무료 사용 기간으로 결제가 진행되지 않으니 걱정하지 말고 정보를 입력해도 됩니다. 단, 추가 결제를 하지 않으려면 7일 이내에 플랜 취소를 신청해야 합니다. 마지막으로 주문 정보를 확인한 후 **[시작하기]**를 클릭하면 설치 과정을 거쳐 포토샵이 실행됩니다.

한글/영문 버전 전환하기

별다른 설정 변경을 하지 않았다면 처음 포토샵을 설치했을 때 자동으로 한글 버전이 설치됩니다. 만약 실수로 혹은 의도적으로 영문 버전을 설치한 후 다시 한글로 변경하거나, 한글로 설치한 후 영문 버전으로 변경하고 싶을 때는 다음 과정을 따릅니다.

01 포토샵이 설치되면서 자동으로 Creative Cloud Desktop도 함께 설치됩니다. Creative Cloud Desktop을 찾아 실행한 후 오른쪽 위에 있는 톱니바퀴 모양의 [**환경 설정**] 버튼을 누릅니다.

02 환경 설정 창이 뜨면 [**앱**] 탭을 클릭한 후 설치 영역에서 '기본 설치 언어' 옵션을 확인합니다. 현재 설치되어 있는 언어를 확인한 후 한글 버전을 설치할 때는 [**한국어**]로, 영문 버전을 설치할 때는 [**English(International)**]로 설정한 후 [**완료**] 버튼을 누릅니다.

03 다시 Creative Cloud Desktop으로 돌아와서 Photoshop을 찾고 [**설치**] 버튼을 누르세요. [···] 버튼을 누른 후 [**기타 버전**]을 선택하면 이전 버전을 설치할 수도 있습니다.

독자 지원 페이지 및 실습 파일 다운로드

독자 여러분의 원활한 실습 진행을 위해 이 책에 사용한 거의 모든 예제 파일과 완성 파일을 제공합니다. 독자 지원 페이지(http://bit.ly/ps_detail)에 방문하신 후 [실습 파일.zip]을 클릭하여 다운로드한 후 압축을 풀고 사용하세요.

> **TIP** 독자 지원 페이지는 [Notion]으로 만든 페이지로 크롬이나 엣지 브라우저를 이용해야 원활하게 접속할 수 있습니다. 크롬 브라우저를 사용하지 않는다면 http://bit.ly/ps_file에서 바로 실습 파일을 다운로드할 수 있습니다.

이 책에서 발견된 오탈자 정보와 오류를 확인할 수 있는 정오표, 저자 소개, 다양한 무료 글꼴 종류 및 다운로드 페이지 등도 정리해두었으니 필요할 때 방문해서 활용하세요.

상품 상세 페이지는 온라인에서 직원의 역할을 대신하며,

직장에서 한 장으로 요약한 보고서와 같습니다.

그 한 장의 보고서로 프로젝트 진행 여부를 결정하는 것처럼

고객은 한 장의 상세 페이지를 보고 구매를 결정할 수 있습니다.

그러므로 어떻게 하면 상품의 특징을 가장 잘 부각할지,

어떻게 하면 직접 만지거나 볼 수 없는 한계를 극복하면서

상품 정보를 정확하게 전달할지 고민하여

꼼꼼하게 기획하고 제작해야 합니다.

구매를
부르는
상품
상세 페이지

타깃에 맞는 기획이 우선이다

상품 상세 페이지의 타깃은 판매하는 아이템이나 가격에 따라 달라집니다. 따라서 타깃의 눈높이에 맞춰 상세 페이지를 기획해야 합니다. 타깃의 나이가 어리다면 상대적으로 상품 가격이 저렴해야 하며, 구매에 따른 이벤트 혜택이나 사은품 등을 눈에 잘 보이는 곳에 배치하면 좋습니다. 디자인 스타일이나 색상도 밝고 가볍게 연출하여 편안하게 둘러볼 수 있도록 해야 합니다. 반면 활발하게 경제활동을 하는 연령대가 타깃이라면 전체적으로 고급스럽게 정리된 디자인을 활용하여 고객이 대접받고 있다는 느낌을 받게 해야 합니다.

◆ 직원이 설명해주듯 상세하게 설명하기

상세 페이지에 자세하게 많은 정보를 담는 것은 비대면 거래인 인터넷 쇼핑의 단점을 극복하기 위한 어쩔 수 없는 선택입니다. 다양한 고객들이 각자 원하는 정보를 얻을 수 있도록 하기 위함입니다. 브랜드가 확실하거나 일반적으로 다 아는 상품, 즉 라면, 화장지, 쌀 같은 생필품이라면 구구절절 많은 설명이 없어도 필요에 따라 구매가 발생할 겁니다. 하지만 가장 활발한 인터넷 쇼핑몰 상품인 의류나 브랜드 인지도가 낮은 상품이라면 매장에 방문하여 직접 체험한 듯 느낄 수 있을 정도로 풍성하고 자세하게 설명해야 합니다. 그래야 반품이나 구매자의 불평을 최소화하여 효율적으로 쇼핑몰을 운영할 수 있습니다.

> **TIP** 화장품 상세 페이지에는 각종 성분이나 사용법, 제품의 특징을 자세하게 나열합니다. 의류는 직접 착용해볼 수 없기 때문에 상세 페이지에 다양한 각도의 코디 컷을 담아야 합니다. 필요에 따라 재질을 자세히 확인할 수 있는 확대 컷을 추가하기도 합니다.

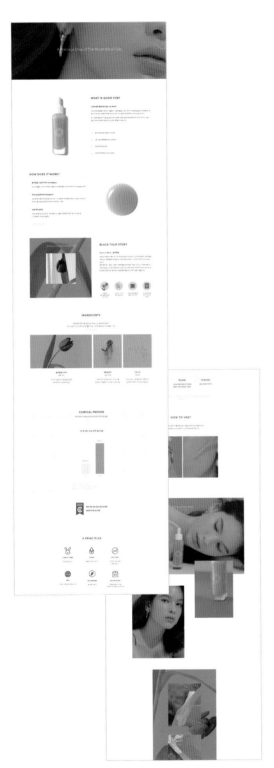

▲ 화장품 상세 페이지
https://completone.com/

▲ 의류 상세 페이지
https://www.coupang.com/vp/products/1585945728

◆ 키워드 선별하기

상세 페이지를 제작할 때 어떤 키워드를 사용해서 상품을 설명할지 결정하는 것은 매우 중요한 작업입니다. 상품 홍보와 직결되는 사항이기 때문입니다. 키워드 선정 시 고객들이 자주 사용하는 단어를 선정한 후 얼마나 많은 사용자가 검색하는 키워드인지 확인합니다. 그런 다음 세 가지 정도 선별하여 상세 페이지를 제작할 때 메인 카피와 상품 설명 부분 등에 사용합니다. 이 방법은 검색 노출을 염두에 두고, 이미지에 넣기보다 상세 페이지 등록 시 직접 텍스트로 입력하는 방법이 효율적입니다.

TIP 키워드 선정 시 활용 도구

• 네이버의 검색 광고(https://searchad.naver.com/): 회원으로 가입한 후 [도구] 메뉴를 활용하면 별도의 비용을 지불하지 않고 사용자들이 많이 찾는 키워드를 확인할 수 있습니다. PC와 모바일의 검색 수를 구분해서 조회할 수 있어서 키워드 선별 시 매우 유용합니다.

• SomeTrend(https://some.co.kr/): 최근 SNS에서 이슈가 되고 있는 키워드와 평판을 함께 파악할 수 있습니다. 그러므로 상세 페이지 제작 시 여기서 찾은 키워드를 활용하면 보다 많은 관심을 받을 수 있습니다.

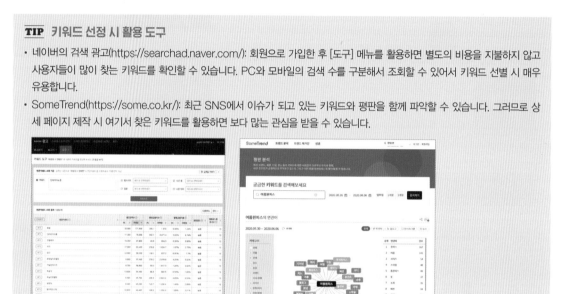

https://searchad.naver.com/   https://some.co.kr/

◆ 신뢰 포인트 추가하기

제품 신뢰도를 높이기 위해 다양한 인증서나 특허 등을 상세 페이지에 노출하기도 합니다. 식품이라면 친환경이나 무농약 인증 마크, 화장품이라면 피부 자극 테스트 완료 인증서, 전자 제품이라면 기능에 대한 특허 등을 보여주면 좋습니다. 이런 인증서는 디자인할 때 바로 활용할 수 있도록 미리 이미지 파일로 준비해놓는 것이 좋습니다. 만약 별다른 인증서가 없다면 전통성이나 전문성을 강조하는 방법으로 신뢰도를 높일 수 있습니다. 쇼핑몰의 운영자나 대표를 브랜드화하여 내세우면서 오랜 시간 한 분야에 종사해온 전문가로 포장할 수 있다면 이 역시 신뢰도를 높일 수 있는 방법입니다.

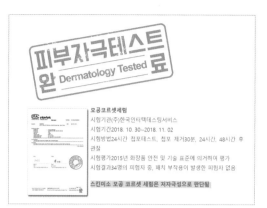

▲ 피부 자극 테스트 완료 인증 마크
http://s.godo.kr/lybl

▲ 특허
http://11st.kr/QR/P/2726486373

◆ 이벤트 혜택 제공하기

온라인에서는 비슷한 상품들을 손쉽게 검색하여 찾아볼 수 있습니다. 그만큼 경쟁이 치열하므로 상품 구매 시 얻을 수 있는 특별한 혜택이 구매를 결정하는 중요한 요소가 되기도 합니다. 만약 특별한 혜택이나 특징 을 찾기 힘들다면 소비자는 조금이라도 더 저렴하게 구매할 수 있는 이벤트나 사은품 등을 보고 제품을 선 택할 것입니다. 따라서 상세 페이지를 기획할 때 이벤트도 기획하여 함께 제공하는 것이 좋습니다. 또한 이 런 이벤트는 즉흥적으로 계획할 게 아니라 미리 1년간의 계획표를 작성하고, 일정한 주기를 기준으로 변경 하면서 시행한다면 매출에도 도움이 될 것입니다.

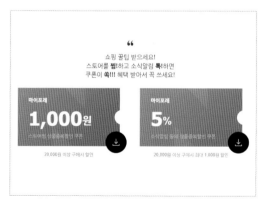

▲ 할인 쿠폰
https://smartstore.naver.com/myforet/products/4954383196

한눈에 보는 집밥 회원혜택

회원가입시 1,000원 할인쿠폰 자동발급!	첫 구매시 5%할인 쿠폰증정!

▲ 회원 혜택
https://www.zipbab.com/_wg/import/memberinfo.html

◆ 모바일에서 잘 보이는 상품 상세 페이지

스마트폰이 손에 없으면 불편함을 넘어 불안함을 느끼는 요즘의 세태를 반영하듯, 키워드 검색은 PC에서보다 모바일에서 평균 3배 이상 이뤄지고 있습니다. 결제 시스템도 PC보다 스마트폰을 이용할 때 더 간편해서 모바일 결제 금액은 해마다 증가하고 있습니다. 그러다보니 최근에는 상세 페이지를 제작할 때 PC를 기준으로 하기보다는 모바일을 기준으로 제작하는 경향이 늘고 있습니다. 즉, 모바일에서 쉽게 확인할 수 있도록 상대적으로 큰 이미지와 폰트(16pt 이상)를 사용하고, 정보 배열을 세로로 길게 하여 좁은 화면에서도 정보를 쉽게 확인할 수 있는 디자인이 주를 이루고 있습니다.

모바일용 상세 페이지(그린 핑커 물티슈) ▶
https://www.momq.co.kr/

모바일용 상세 페이지(바이온텍 수소수기) ▶▶
https://bion-tech.com/

TIP 상세 페이지는 기본적으로 상품의 고유 콘셉트를 담아 전문 몰에서 사용하는 것을 기준으로 작성합니다. 이렇게 작성된 것을 기준으로 오픈마켓 등 다양한 채널의 가이드에 맞춰서 변형한 후 업로드하는 방식을 취합니다.

SECTION 02

또 하나의 언어,
색으로 말하다

색상은 그 자체로 메시지를 전달하는 또 하나의 언어라고 할 수 있습니다. 색상별 특징에 따라 고객의 행동을 유도하기 때문입니다. 그러므로 상품 판매가 목적인 상세 페이지를 디자인할 때는 그 상품의 특징과 장점을 부각할 수 있는 색상을 활용해야 보다 설득력 있고, 구매로 이어질 가능성도 높아집니다.

색을 사용할 때 한 가지 색만 사용해서 한 가지 의미를 확실하게 강조할 수도 있고 2개 혹은 3개 이상을 사용해 보다 다양한 의미를 전달할 수도 있으니, 적절하게 판단해서 사용해야 합니다. 여기서는 각 색상의 의미와 함께 어떤 상품의 상세 페이지에 어울리는지 전반적으로 살펴보겠습니다.

◆ 빨간색

빨간색은 주로 포인트 색상으로 사용합니다. 채도가 높을수록 단숨에 시선을 끄는 효과가 있습니다. 정열, 흥분, 적극성 등을 표현할 때 효과적이므로, 충동구매를 유도하는 색상으로 활용하기도 합니다. 후각, 미각, 촉각 등의 감각신경을 자극하여 식욕을 불러일으키는 색상이므로 먹거리 상세 페이지에서도 자주 활용합니다. 반면 검은색이 섞여 채도가 낮은 빨간색은 다소 비싼 제품의 상세 페이지에 활용하면 좋습니다. 이는 검은색의 특징과 융화되어 고급스럽고 여성스러운 분위기를 연출하는데 효과적이기 때문입니다.

먹거리 ▶
https://front.wemakeprice.com/deal/603333922

화장품 ▶▶
https://www.sk2.co.kr/

빨간색을 활용한 재미있는 사례가 있습니다. 주요 오픈마켓 중 11번가, 옥션, 위메프 등의 로고가 빨간색입니다. 즉, 가격 비교를 통해 보다 저렴한 상품을 찾는 고객이 주로 이용하는 사이트들에서 빨간색을 선호한다는 사실입니다. 이를 통해 저렴한 상품일수록 소비자가 충동적으로 구매할 가능성이 높다는 것을 유추할 수 있습니다.

▲ 11번가　　　　▲ 위메프　　　　▲ 옥션

◆ 오렌지색

오렌지색은 사랑과 행복을 의미하며, 건강하고 사랑스러운 느낌을 줍니다. 그래서 어린이 용품을 판매하는 쇼핑몰에서 주로 활용합니다. 활기차고 즐겁고 긍정적인 인상을 심어줄 필요가 있는 곳에서도 많이 사용합니다. 또한 오렌지색은 빨간색과 함께 식욕을 일으키는 색상 중 하나로 먹거리 쇼핑몰과 상세 페이지에서도 많이 활용합니다.

어린이 용품 ▶
https://naturalbottle.co.kr/

감귤 ▶▶
https://www.wadiz.kr/web/campaign/detail/52502

◆ 노란색

밝음, 쾌활함, 창의력, 안전함을 상징하며, 생각보다 눈에 잘 띄는 색상입니다. 도로나 경고 표지판에서 많이 볼 수 있고, 어린이를 대상으로 하는 학습지나 교육 관련 사이트에서 주로 활용합니다. 축제나 경진대회 관련 사이트에서도 많이 볼 수 있습니다. 밝고 긍정적인 에너지를 담은 색상이라 대표적으로 비타민 제품 상세 페이지에서 자주 볼 수 있습니다.

학습지/놀이 교구 ▶
https://www.ssampic.com/

비타민 제품 ▶▶
https://www.lemona.co.kr/

◆ 핑크색

핑크색은 긍정과 사랑스러움을 표현하는 대표적인 색상입니다. 주 타깃이 여성인 제품의 상세 페이지에서 밝고 화사한 느낌을 주기 위해 주로 사용하는데, 특히 연한 핑크색이 핑크 고유의 사랑스러움을 가장 잘 표현합니다. 10대와 관련된 상품이라면 흰색이나 오렌지색을 섞어서 더욱 밝고 사랑스러운 느낌을 연출할 수 있고, 20대 이상의 여성이 타깃이라면 회색을 살짝 섞어서 차분하고 우아한 핑크색을 연출하면 좋습니다. 40대 이상이라면 빨간색을 섞어 강렬한 느낌을 더할 수도 있습니다.

◀◀ 다이어트 제품
https://www.3care.co.kr/

◀ 비타민 제품
https://www.cubeme.co.kr/

◆ 파란색

신뢰를 상징하는 색상으로 대부분의 기업 홈페이지에서 흔하게 볼 수 있는 색입니다. 파란색은 오랜 시간 고객과 소통해야 하는 상품의 상세 페이지에 적합합니다. 대표적인 예로 렌탈 서비스 제품을 들 수 있습니다. 기업에서 사용하는 복합기나 커피 머신, 가정에서 사용하는 정수기나 비데 등의 제품을 렌탈하는 서비스가 늘어나고 있고, 이러한 렌탈 제품은 지속적으로 관리해줘야 하기 때문에 기업 신뢰가 선행되어야 합니다. 그러므로 파란색으로 신뢰를 표현하면서 검은색으로 고급스러움까지 표현하면 최상의 조합이라고 할 수 있습니다.

◀◀ 프린터
https://11st.kr/QR/P/2545573334

◀ 비데
https://11st.kr/QR/P/2660011749

◆ 녹색

건강함, 싱싱한 먹거리를 상징하는 대표적인 색을 꼽으라면 단연 녹색입니다. 지금 막 수확한 듯한 건강한 먹거리를 표현하려면 명도가 높은 녹색을 사용하여 경쾌하면서도 건강한 메시지를 전달할 수 있습니다. 최근 화장품 상세 페이지에도 녹색을 사용하는 예가 늘고 있습니다. 미세먼지 등으로 피부 트러블이 발생하기 쉬운 환경에서 순수한 자연의 천연 재료를 이용해 자극 없는 천연 화장품을 강조하는 용도로 활용합니다.

쌀 ▶
https://11st.kr/QR/P/141909452

화장품 ▶▶
https://www.graymelin.com/

◆ 보라색

빨간색과 파란색을 혼합하면 만들 수 있는 색입니다. 빨간색의 발산 효과와 파란색의 차분한 느낌이라는 양면적 특성을 다 지닌 색상입니다. 흔히 신비로운 예술가의 색상이라고도 하고, 여성스러움을 상징한다고도 알려져 있습니다. 옅은 보라색은 우아한 이미지가 강하고, 진한 보라색은 활동적이거나 개성 넘치는 상품을 표현하기에 적합합니다.

차-보라탕국 ▶
https://www.0saeng-bogam.com/

향수-퀸즈플라워 ▶▶
https://laurynes.com/

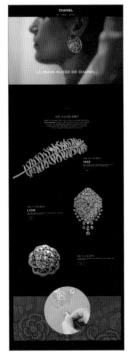

◆ 검은색

검은색은 고급스러움의 상징으로, 품격을 갖춰야 하는 자리나 중요한 모임에 갈 때 즐겨 착용하는 의류의 색상이기도 합니다. 또한 검은색은 마음을 차분하게 하여 이성적으로 사고하게 합니다. 따라서 충동구매를 불러일으켜 제품을 팔아야 하는 상세 페이지에는 어울리지 않는 색일 수 있습니다. 디자인에서 검은색을 주로 활용한다면 너무 차분한 느낌만 들지 않도록 이를 보완할 장치가 필요합니다. 예를 들어, 검은색 혹은 진한 회색을 사용하면서 상품이나 배경에 광택 효과를 연출하거나 상품 자체에 광택을 더하는 디자인으로 검은색의 장점은 살리고 단점은 줄일 수 있습니다.

◀◀ 샤넬 보석
https://www.chanel.com/

◀ 제네시스 G80
https://www.genesis.com/

포토샵에는 수많은 기능이 있으며,

계속해서 새로운 기능이 추가되고 있습니다.

하지만 이 모든 기능을 다 사용할 필요는 없습니다.

상세 페이지를 제작한다면 다양한 상품 사진을 불러와 배치하고

간단하게 보정한 후 텍스트를 입력하는 정도만 알아도 충분합니다.

이러한 기능은 실전 프로젝트를 진행하면서 익힐 수 있습니다.

여기서는 포토샵 사용을 위한

최소한의 기본 기능만 몇 가지 소개하겠습니다.

포토샵
기본기
다지기

나만의 작업환경 설정하기

포토샵을 설치할 때 한글 버전 또는 영문 버전을 선택해서 설치할 수 있고, 각종 기본 단위를 사용자 편의에 따라 변경해서 사용할 수 있습니다. 그러므로 기본적인 작업환경 설정 방법을 알고 시작하는 것이 좋습니다. 여기서는 이후 진행되는 프로젝트 실습을 원활하게 하기 위해 설정을 변경하겠습니다.

✏️ 새로운 작업 창으로 새로운 파일 불러오기

포토샵을 실행한 후 **[편집]**-**[환경 설정]**-**[작업 영역]** 메뉴를 선택합니다. 옵션에서 **[탭으로 문서 열기]**의 체크를 해제합니다. 그러면 새로운 작업 창을 만들거나 파일을 불러올 때 탭으로 묶이지 않고 별도의 작업 창으로 열리므로 이미지를 복제하기가 수월합니다.

▲ [탭으로 문서 열기] 체크한 경우

▲ [탭으로 문서 열기] 체크 해제한 경우

눈금자 단위 변경하기

환경 설정 창이 열려 있다면 왼쪽에서 **[단위와 눈금자]**를 선택하고, 닫혔다면 **[편집]**-**[환경 설정]**-**[단위와 눈금자]** 메뉴를 선택합니다. 단위 옵션이 **픽셀(px)**로 설정되어 있는지 확인합니다. 쇼핑몰이나 상세 페이지는 웹에서 보여지는 이미지이므로, 웹용 단위인 픽셀로 설정한 후 작업하는 것이 편리합니다.

글꼴 표현 방식 변경하기

[편집]-**[환경 설정]**-**[문자]** 메뉴를 선택한 후 문자 옵션에서 **글꼴 이름을 영어로 표시**가 체크되어 있다면 체크를 해제합니다. 이 옵션에 체크되어 있으면 모든 글꼴 이름이 영문으로 표현되어 찾기 어렵습니다. 한글 글꼴일 경우 이름도 한글로 표현되도록 설정하기 위해 체크를 해제합니다.

레거시 브러시, 모양, 패턴 추가하기

포토샵 2020 버전부터는 디자인할 때 자주 사용하는 기능인 브러시, 모양, 패턴을 별도의 패널에서 관리할 수 있게 되었습니다. 아쉬운 점도 있습니다. 이전 버전에서 많이 사용하던 브러시가 기본 옵션에서 사라진 것입니다. 그러므로 디자인 작업을 하기 전에 각 패널에서 레거시 옵션을 추가해야 이후 손쉽게 사용할 수 있습니다.

- **레거시 브러시 추가하기** | [창]-[브러시] 메뉴를 선택하여 브러시 패널을 엽니다. 오른쪽 위에 있는 [메뉴] ▤ 아이콘을 클릭한 후 [레거시 브러시]를 선택합니다. 브러시 패널을 보면 [레거시 브러시] 항목이 추가된 것을 확인할 수 있습니다.

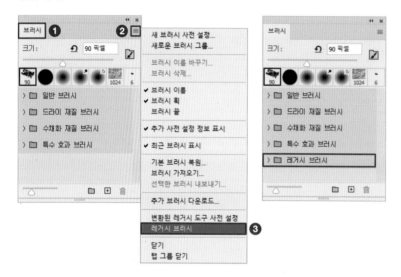

- **레거시 모양 추가하기** | [창]-[모양] 메뉴를 선택해서 모양 패널을 엽니다. 브러시 패널과 동일하게 [메뉴] ▤ 아이콘을 클릭한 후 [레거시 모양 및 기타]를 선택하여 이전 버전에서 자주 사용하던 다양한 모양을 추가합니다.

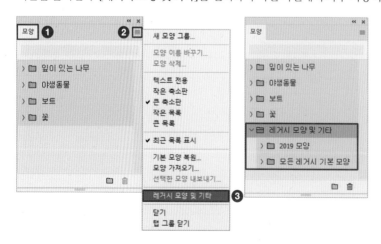

■ **레거시 패턴 추가하기** | [창]−[패턴] 메뉴를 선택합니다. 패턴 패널이 열리면 [메뉴] ▦ 아이콘을 클릭한 후 [레거시 패턴 및 기타]를 선택합니다. 패턴 패널에 [레거시 패턴 및 기타] 항목이 추가됩니다.

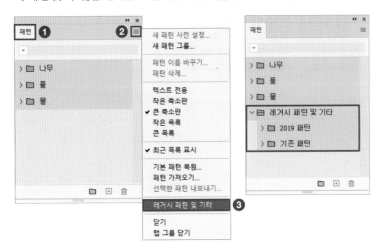

SECTION 02

파일 만들기, 열기, 저장하기

환경 설정이 끝나면 새로운 프로젝트를 시작하기 위해 새 파일을 만들어야 합니다. 또한 새 파일을 만들고 디자인을 진행하다가 예제 파일 등을 불러오는 작업이 필요합니다. 이런 작업들은 대부분의 프로그램에서 같은 방법과 단축키를 사용하므로 간단하게 살펴보고 넘어가도 좋습니다.

✏️ 새 파일 만들기

포토샵을 실행한 후 [파일]-[새로 만들기] 메뉴를 선택하거나 단축키 Ctrl+N을 누릅니다. 새로 만들기 문서 창이 열리면 여기서 원하는 작업 창의 크기나 이름 등을 입력합니다. 세부적으로 해상도, 색상 모드, 배경 내용을 설정할 수 있으며, 설정이 완료되면 [만들기] 버튼을 클릭하여 새로운 파일을 생성합니다.

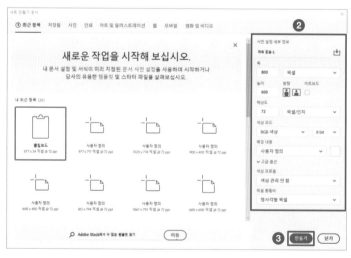

> **TIP** 새로 만들기 문서 창 왼쪽에는 포토샵에서 제공하는 다양한 기본 양식(템플릿)이 있습니다. 이 중 원하는 양식을 선택해서 새로운 프로젝트를 시작할 수도 있습니다. 상세 페이지는 웹 디자인이므로 [웹]을 선택해서 기본 옵션이 설정되면 폭과 높이 등의 크기만 변경해 사용해도 좋습니다.

✏️ 파일 열기

[파일]-[열기] 메뉴를 선택하거나 Ctrl + O 를 누릅니다. 열기 창이 열리면 원하는 경로를 찾고, 경로에서 불러올 파일을 선택한 후 [열기] 버튼을 클릭합니다.

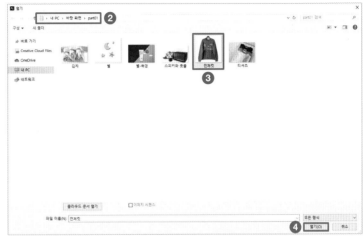

TIP 열기 창에서 Ctrl 이나 Shift 를 누른 채 여러 개의 파일을 선택할 수 있습니다. 30쪽에서 [탭으로 문서 열기] 체크를 해제했다면 각 작업 창으로 파일이 열립니다.

✏️ 파일 저장하기

디자인 작업이 끝나면 나중에 쉽게 수정할 수 있도록 PSD 포토샵 파일로 저장합니다. 그리고 웹에서 활용할 수 있게 JPG, PNG 등으로도 저장합니다.

■ **원본 파일 저장하기** | [파일]-[저장] 메뉴를 선택하거나 Ctrl + S 를 누릅니다. 이미 저장된 파일을 불러와서 수정한 파일이라면 별 다른 반응 없이 새로 작업한 내용이 저장됩니다. 하지만 새로 시작한 프로젝트라면 다른 이름으로 저장 창이 나타나며, 여기서 파일 이름과 형식(PSD, PDD, PSDT)을 지정하고 [저장] 버튼을 클릭합니다.

■ **웹용으로 저장하기** | [파일]-[내보내기]-[웹용으로 저장(레거시)] 메뉴를 선택하거나 Alt + Shift + Ctrl + S 를 누르면 웹용으로 저장할 수 있습니다. 이미지 용량을 최적화하여 웹에서 사용하기 좋게 저장하는 기능입니다. 웹에서 사용하는 이미지 파일 형식은 대부분 JPEG(JPG)이며, 움직이는 이미지는 GIF, 배경이 투명한 이미지는 PNG를 사용합니다.

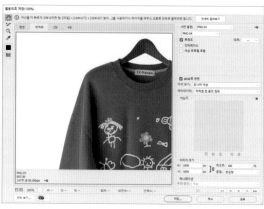

> **TIP** '웹용으로 저장'은 이미지를 압축해서 웹에서 보기에 최적화된 상태로 저장하는 방법입니다. JPG는 색상 수가 많을 때 사용하며, GIF는 배경이 투명하거나 색상 수가 적을 때 혹은 애니메이션으로 저장할 때 사용합니다. PNG는 투명과 반투명을 모두 지원하고 원본과 가까운 품질을 보장하지만 이미지 용량이 크다는 단점이 있습니다. 국내에서는 인터넷 환경이 좋고 모바일에서 상품 이미지를 확대해서 보는 경우가 많으므로 이미지 용량이 커도 고품질을 선호하여 PNG로 저장하는 경우가 있습니다.

불러온 이미지 복제/배치하기

디자인 작업을 하다보면 별도의 이미지 파일 소스를 활용하는 경우가 많습니다. 상세 페이지 디자인도 마찬가지입니다. 대부분 기본 레이아웃을 완성한 후 상품 사진만 교체해서 사용하곤 합니다. 이처럼 불러온 이미지를 다른 작업 창으로 이동해서 복제하는 작업은 매우 흔한 일입니다. [이동 도구]를 선택한 후 다른 작업 창으로 드래그하기만 하면 됩니다.

다음과 같이 2개의 파일을 서로 다른 작업 창에서 열었다면 도구 패널에서 [이동 도구] ⊕ 를 선택하고, 복제할 이미지가 있는 작업 창에서 배치할 작업 창으로 드래그합니다.

다양한 형태로
영역 선택하기

선택 도구를 이용하면 원하는 영역을 간편하게 선택할 수 있습니다. 사각형이나 원형, 불규칙한 모양을 선택할 수 있고 개체 모양 그대로를 선택할 수도 있습니다. 이렇게 영역을 선택한 후에는 잘라내거나 옵션 패널에서 효과를 추가하여 다양한 결과를 얻을 수 있습니다.

■ **사각형 선택 윤곽 도구** | 도구 패널에서 [사각형 선택 윤곽 도구] ⬚를 선택하고, 작업 창에서 대각선으로 드래그하면 사각형 모양으로 선택 영역을 만들 수 있습니다.

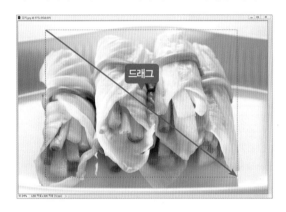

■ **원형 선택 윤곽 도구** | 도구 패널에서 [원형 선택 윤곽 도구] ◯를 선택하고, 작업 창에서 대각선으로 드래그하면 원형으로 선택 영역을 만들 수 있습니다.

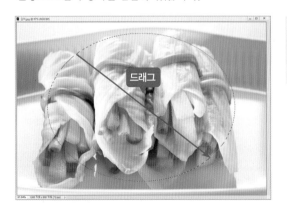

> **TIP** 사각형이나 원형 선택 영역을 만들 때 Shift 를 누른 채로 드래그하면 정원 또는 정사각형 모양으로 선택 영역을 만들 수 있습니다.

■ **올가미 도구** | 드래그하여 자유로운 형태로 선택 영역을 만들 수 있습니다. 도구 패널에서 [올가미 도구] ⌀를 선택하고, 작업 창에서 원하는 영역을 클릭한 채 드래그합니다. 마우스에서 손을 떼면 드래그한 부분이 선택 영역으로 지정됩니다.

■ **다각형 올가미 도구** | 각진 선택 영역을 만들 때 편리합니다. 도구 패널에서 [다각형 올가미 도구] ⌀를 선택하고, 시작 지점을 클릭한 후 이어서 선택 영역으로 완성할 지점을 계속해서 클릭합니다. 클릭한 지점과 지점 사이가 직선으로 연결되며 처음 클릭한 지점을 다시 클릭하거나 Enter 를 누르면 선택 영역이 만들어집니다.

> **TIP** 클릭하여 영역을 선택하는 도중 ESC 를 누르면 선택 영역 지정이 취소됩니다.

- **개체 선택 도구** | 도구 패널에서 [개체 선택 도구] 를 선택하고, 작업 창에서 선택 영역으로 지정할 개체가 포함되도록 드래그합니다. 포토샵에서 자동으로 범위 내에 있는 개체를 인식하여 선택 영역으로 지정해줍니다.

> **TIP** [개체 선택 도구]는 포토샵 최신 버전에서 추가된 기능입니다. [개체 선택 도구]를 선택하고 옵션 패널에서 **모드**를 [사각형] 또는 [올가미] 중 선택하여 범위를 지정할 수 있습니다.

- **빠른 선택 도구** | 도구 패널에서 [빠른 선택 도구] 를 선택하고, 상단 옵션 패널에서 브러시 크기를 조절합니다. 그런 다음 선택할 개체 위를 클릭한 채 드래그하면 드래그한 지점과 유사한 색상이 선택 영역으로 지정됩니다. 단색으로 된 개체를 선택할 때 편리합니다.

■ **자동 선택 도구** | 처음 클릭한 지점과 동일하거나 유사한 색상을 선택 영역으로 만들 수 있습니다. 도구 패널에서 **[자동 선택 도구]** 를 선택합니다. 옵션 패널에서 유사한 색상 범위인 **허용치** 옵션을 설정한 후 선택할 색상을 클릭합니다.

SECTION 04

도형 만들기와 펜 도구

간단한 도형은 포토샵에서 직접 그릴 수 있습니다. 이렇게 그린 도형을 디자인 요소로 활용하거나 텍스트를 입력하는 영역으로 활용할 수 있습니다. 기본적으로 사각형, 원, 다각형 등 정형적인 모양을 그릴 수 있는 도구가 있으며, **[펜 도구]**를 이용하면 좀 더 자유로운 모양을 그릴 수 있습니다.

도형 그리기

도구 패널에서 **[사각형 도구]** 를 선택합니다. 옵션 패널에서 **모양**으로 설정하고 배경색에 해당하는 **칠** 옵션과 테두리에 해당하는 **획** 옵션까지 설정한 후 작업 창에서 드래그하면 사각형 모양을 그릴 수 있습니다. 아래는 **칠: 오렌지색(#f29b76), 획: 색상 없음**으로 설정했습니다.

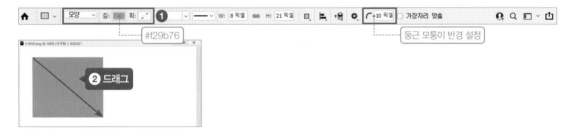

위와 같은 방법으로 각각 **[모서리가 둥근 직사각형 도구]**, **[타원 도구]**, **[다각형 도구]**, **[선 도구]**를 선택한 후 작업 창에서 드래그하면 다음과 같은 형태의 모양을 그릴 수 있습니다.

> **TIP** 포토샵 2021부터는 [모서리가 둥근 직사각형 도구]가 없어지고, [사각형 도구]의 옵션 패널에서 [둥근 모퉁이 반경 설정] 값을 조정합니다.

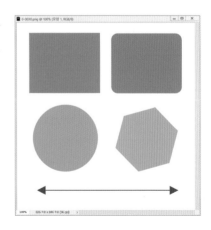

[사용자 정의 모양 도구] 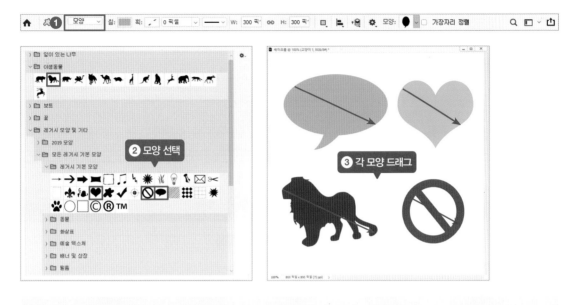는 포토샵에서 제공하는 다양한 아이콘을 그릴 때 사용하는 기능입니다. 옵션 패널에서 **모양** 옵션을 클릭하고 하트, 말풍선, 체크, 화살표 등의 모양을 선택한 후 작업 창에서 드래그하면 됩니다.

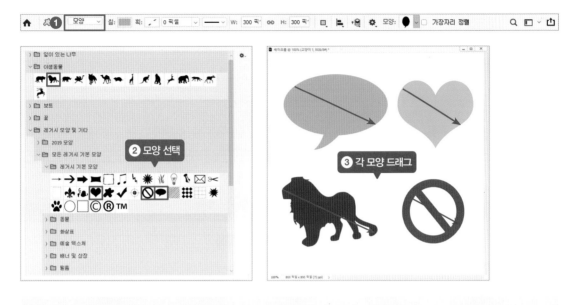

TIP 칠, 획 팝업 창 살펴보기

[사각형 도구]와 같은 모양 도구의 옵션 패널에서 **칠** 또는 **획** 옵션을 클릭하면 다음과 같은 팝업 창이 열립니다. 팝업 창 상단에는 왼쪽부터 [색상 없음], [단색], [그레이디언트], [패턴] 아이콘이 있고, 오른쪽 끝에 [색상 피커] 아이콘이 있습니다.

- 색상 없음: 모양의 배경(칠)이나 테두리(획) 색상을 없앱니다.
- 단색, 그레이디언트, 패턴: 배경이나 테두리를 각각 단색, 그레이디언트, 패턴으로 채울 때 사용합니다.
- 색상 피커: 사용할 색상 값을 알 때 주로 사용합니다. 색상 피커 창이 열리며 우측 하단에 있는 # 옵션에 색상 값을 입력하면 됩니다.

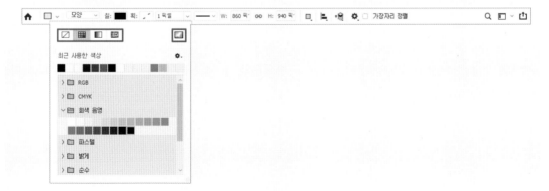

✏️ 펜 도구

도구 패널에서 [펜 도구] ✐.를 선택한 후 옵션 패널에서 **패스**로 설정합니다.

| ♠ | ✐ ∨ | 패스 ∨ | 제조사: | 선택... | 마스크 | 모양 | 🗇 🖿 +🌀 ⚙ ☑ 자동 추가/삭제 | 가장자리 정렬 | Q 🖿 ∨ ⬆ |

> **TIP 모양 옵션과 패스 옵션**
> 모양 옵션을 사용하면 기본적으로 패스가 그려지고, 패스를 기준으로 내부 색상과 테두리를 선택적으로 그릴 수 있어 원하는 모양을
> 빠르게 완성할 수 있습니다. 그려놓은 모양의 사이즈를 키우거나 줄여도 이미지가 깨지지 않고 늘 처음 그린 것 같은 모습으로 사용
> 할 수 있다는 장점이 있습니다. 반면 **패스 옵션**을 사용하면 가이드로 사용하는 패스 선만 그려지고, 이 패스를 다른 기능과 함께 사
> 용하여 디자인을 완성할 수 있습니다. 패스는 패스 패널에서 따로 관리되며, 패스 안에 색상을 채우거나 브러시를 써서 테두리를 그
> 릴 수도 있습니다. 특히 패스 옵션은 상품을 복잡한 배경에서 분리해내는 용도로 많이 사용됩니다.

[**펜 도구**] ✐.를 선택한 후 작업 창에서 두 점을 클릭하면 점과 점 사이가 직선으로 연결됩니다. 두 번째 점
이후부터는 클릭한 채 드래그해서 곡선을 그릴 수도 있습니다. 예를 들어 삼각형을 그린다면 다음과 같이
세 점을 각각 클릭한 후 다시 처음 클릭한 지점을 클릭하거나 Enter 를 누르면 됩니다. 모양을 완성한 후에
는 다시 Enter 를 눌러 패스 선택을 해제합니다.

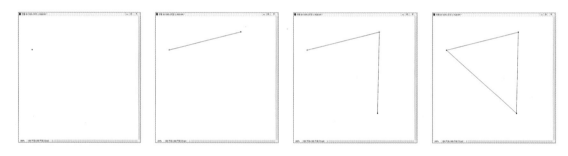

이번에는 물결 모양을 그려보겠습니다. 시작 점을 클릭한 후 이어서 두 번째 점을 클릭한 채 드래그합니다.
상하좌우로 움직여 적당한 곡선이 되면 이어서 세 번째 점을 클릭합니다. 두 번째 점에서 조절한 곡률에 따
라 곡선이 그려집니다.

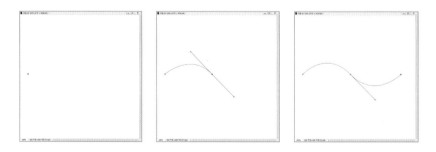

> **TIP** 패스를 그린 후 위치를 옮기거나 수정할 때 패스 선택 도구를 사용합니다. 완성된 패스를 한 번에 선택할 때는 [패스 선택 도
> 구] ▶.를, 패스에서 일부분을 선택할 때는 [패스 직접 선택 도구] ▷.를 사용합니다.

크기 변경 및 자르기

큰 이미지를 불러와 디자인 상황에 맞게 크기를 조절하는 작업은 반드시 알아야 할 작업입니다. 포토샵 작업에서 크기 조절이 필요한 대상은 크게 세 가지가 있습니다. 각 개체의 크기를 조절할 때 사용하는 자유 변형, 이미지 전체의 크기를 조절하는 이미지 크기, 작업 창의 크기를 조절하는 캔버스 크기입니다. 이외에 불필요한 부분을 잘라서 크기를 조절하는 방법도 있습니다.

크기 변경하기

■ **자유 변형** | 이미지를 불러오거나 복제해 왔을 때 크기를 조절하려면 **[편집]–[자유 변형]** 메뉴를 선택하거나 단축키 `Ctrl` + `T` 를 누릅니다. 이미지 주변으로 조절점이 생기면서 자유 변형 모드가 됩니다. 각 위치의 조절점을 클릭한 채 드래그하면 크기를 조절할 수 있으며, `Shift` 를 누른 채 드래그하면 가로와 세로 크기 비율을 유지한 채 크기를 조절할 수 있습니다. 크기 조절이 끝나면 `Enter` 를 눌러 적용합니다.

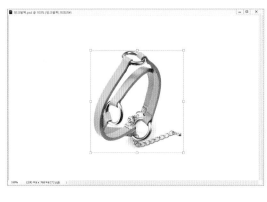

■ 이미지 크기 | [이미지]−[이미지 크기] 메뉴를 선택하면 이미지 크기 창이 열립니다. 여기서 **폭, 높이** 등의 옵션에 값을 입력해서 크기를 변경할 수 있습니다. 이때 **폭**과 **높이** 옵션 중간에 있는 [**종횡비 제한**] 🔗 아이콘을 연결하면 가로와 세로 비율을 유지할 수 있고, 연결을 해제하면 자유롭게 이미지 크기를 조절할 수 있습니다.

■ 캔버스 크기 | 디자인을 완료한 후 상하좌우 혹은 특정 방향에 여백을 추가하고자 할 때 캔버스 크기 기능을 이용합니다. [이미지]−[캔버스 크기] 메뉴를 선택하면 캔버스 크기 창이 열립니다. 기준을 지정하고 **폭, 높이** 옵션 값을 입력해 새로운 크기로 바꿉니다. 아래 예시에서는 위쪽 중앙을 기준으로 설정하여 아래쪽으로 캔버스 크기가 확장되었습니다.

 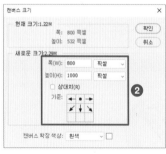 

✏️ 이미지 자르기

디자인 작업을 하다보면 여백을 늘리거나 줄여야 할 상황이 종종 발생합니다. 필요 없는 배경을 잘라내거나 상품 페이지를 완성한 후 웹에서 좀 더 효과적으로 활용하기 위해 각 영역을 조각낼 때도 있습니다. 이미지를 자를 수 있는 [자르기 도구]와 [분할 영역 도구]에 대해서 알아보겠습니다.

- **자르기 도구** | 도구 패널에서 [자르기 도구] 🔲를 선택합니다. 캔버스 테두리에 자르기 조절점이 표시되면 각 조절점을 드래그하여 남길 영역과 자를 영역을 구분합니다. 남길 영역 안쪽을 더블 클릭하거나 Enter 를 누르면 적용됩니다.

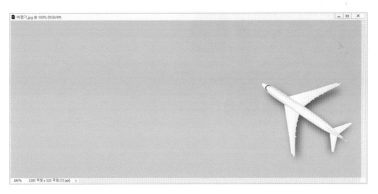

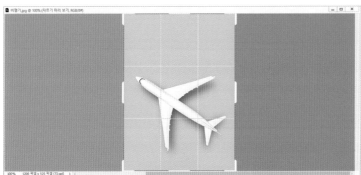 

■ **이미지 분할하여 자르기** | 영역을 구분해서 자를 때는 먼저 [보기]−[눈금자] 메뉴를 선택하거나 Ctrl + R 을 눌러 작업 창에 눈금자를 표시합니다.

상단과 왼쪽에 눈금자가 표시되면 눈금자 부분을 클릭한 채 드래그해서 가이드라인을 그립니다. 눈금자 부분을 클릭한 채 드래그하는 작업을 반복해서 여러 개의 가이드라인을 그릴 수 있습니다. 그런 다음 도구 패널에서 [자르기 도구]의 하위 도구인 [분할 영역 도구] ✐를 선택하고 옵션 패널에서 [안내선에서 분할 영역 만들기]를 클릭합니다.

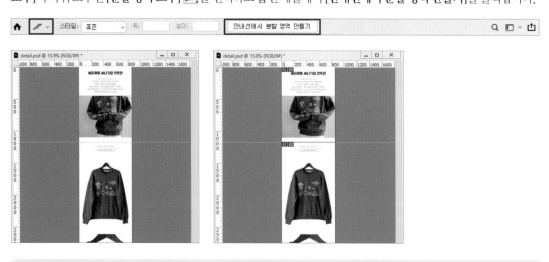

> **TIP** 분할 영역을 수정하려면 [분할 영역 선택 도구] ✐를 선택한 후 분할된 영역을 더블 클릭합니다. 그러면 분할 영역 옵션 창이 열리고 여기서 자세한 위치를 수정할 수 있습니다.

■ **분할 영역 저장하기** | 영역을 분할했으면 이제 각 영역을 저장하는 방법으로 자르기를 실행합니다. **[파일]**–**[내보내기]**–**[웹용으로 저장(레거시)]** 메뉴를 선택하거나 Alt + Shift + Ctrl + S 를 누릅니다. 웹용으로 저장 창에서 **[손 도구]** 🖐 를 더블 클릭하면 전체 이미지를 한눈에 볼 수 있습니다.

웹용으로 저장 창에서 **[저장]** 버튼을 클릭하면 최적화 다른 이름으로 저장 창이 열립니다. **형식: 이미지 전용, 분할 영역: 모든 분할 영역**으로 선택하고 **[저장]** 버튼을 클릭하면 각 영역이 별도의 이미지 파일로 저장됩니다.

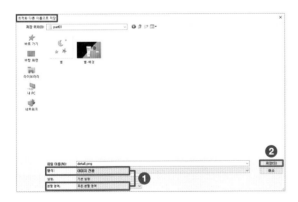

SECTION 06

레이어 패널
자유자재로 다루기

레이어 패널은 포토샵 사용자라면 반드시 활용하게 되는 패널 중 하나입니다. 레이어 패널은 작업 중에 사용한 여러 레이어를 확인하거나 수정하기 위해 선택하는 패널입니다. 그렇다면 레이어란 무엇일까요? 투명한 필름을 상상하면 가장 쉽습니다. 투명 필름 여러 장에 디자인 소스가 하나씩 배치되어 있다고 할 때, 작업 창에 있는 이미지는 이런 레이어를 겹친 후 위에서 아래로 내려다본 결과물이라고 보면 됩니다.

✏️ 레이어 패널 기본 기능

■ **새 레이어 만들기** | 새 레이어를 만드는 가장 간단한 방법은 레이어 패널에서 [새 레이어 만들기] ⊞ 아이콘을 클릭하는 것입니다. 그러면 앞서 선택한 레이어 위로 새로운 레이어가 추가되며, 선택한 레이어는 회색으로 표시됩니다.

> **TIP** [레이어]–[새로 만들기]–[레이어] 메뉴를 선택하거나 단축키 `Ctrl`+`Shift`+`S`을 눌러도 됩니다.

■ **레이어 복제하기** | 기존 레이어에 담긴 내용과 유사한 영역을 만들 때, 동일한 스타일의 다른 텍스트를 입력할 때와 같이 일부만 변형해도 되는 작업을 한다면 기존 레이어를 복제해서 활용합니다. 레이어를 복제할 때는 해당 레이어를 클릭한 채 [새 레이어 만들기] ⊡ 아이콘 위로 드래그하면 됩니다.

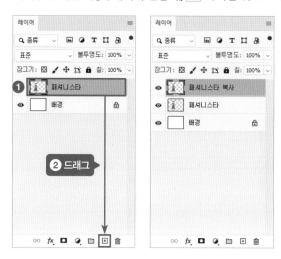

작업 창을 보면 원본 레이어와 복제한 레이어가 정확하게 겹쳐 있어서 마치 하나처럼 보입니다. 도구 패널에서 [이동 도구] ⊕를 선택한 후 작업 창에서 드래그하면 2개의 개체를 확인할 수 있습니다.

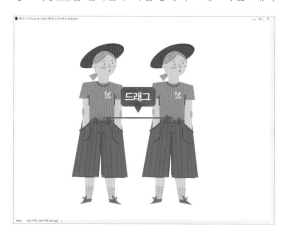

TIP [레이어]-[새로 만들기]-[복사한 레이어] 메뉴를 선택하거나 **Ctrl**+**J**를 눌러도 레이어를 복제할 수 있습니다.

- **레이어 순서 변경하기** | 레이어 패널에서 배치된 레이어 순서는 작업 창에 보이는 결과에도 영향을 미칩니다. 아래 두 이미지를 비교해보세요. '자몽' 레이어가 '키위' 레이어 위에 있을 때 작업 창에서도 자몽 이미지가 키위 이미지 위에 배치됩니다. 반면, '자몽' 레이어가 '키위' 레이어 아래에 있을 때는 작업 창에서도 자몽 이미지가 아래쪽에 배치되어 일부만 표시되는 것을 확인할 수 있습니다.

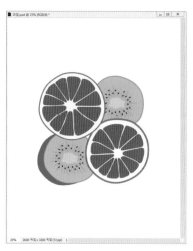

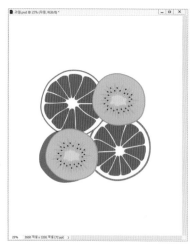

■ **여러 레이어 동시 선택하기** | 여러 개의 레이어를 선택할 때는 Ctrl 이나 Shift 를 이용합니다. 연속적으로 배치된 레이어를 선택할 때는 처음 레이어를 선택한 후 Shift 를 누른 채 마지막 레이어를 선택해서 가운데에 있는 레이어까지 모두 선택할 수 있습니다. 서로 떨어져 있는 레이어라면 Ctrl 을 누른 채 각 레이어를 클릭해서 선택합니다.

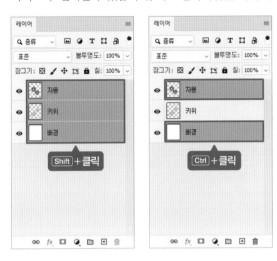

■ **레이어 이름 변경하기** | 레이어를 추가하거나 복제하면 임의로 레이어 이름이 지정됩니다. 추후 완성된 결과를 손쉽게 관리하려면 레이어에 포함된 내용에 맞게 이름을 변경해놓는 것이 좋습니다. 레이어 패널에서 섬네일 이미지 오른쪽에 있는 이름 부분을 더블 클릭하면 레이어 이름을 변경할 수 있습니다.

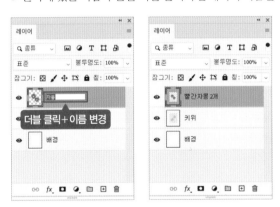

■ **레이어 그룹 만들기** | 작업 결과를 유지, 보수하기 편리하도록 일정 영역별로 그룹을 묶어서 관리하면 좋습니다. 그룹에 넣을 레이어를 모두 선택한 후 레이어 패널 하단에 있는 [새 그룹 만들기] ▣ 아이콘을 클릭하거나 단축키 Ctrl + G 를 누르면 그룹으로 묶입니다. 그룹으로 묶은 후 그룹 이름을 더블 클릭하여 내용에 맞게 이름을 변경합니다.

■ **레이어 삭제하기** | 레이어 패널에서 삭제할 레이어를 선택하고 [레이어 삭제하기] 🗑 아이콘을 클릭합니다. 삭제 여부를 묻는 안내 창이 열리면 [예]를 클릭해 레이어를 삭제합니다.

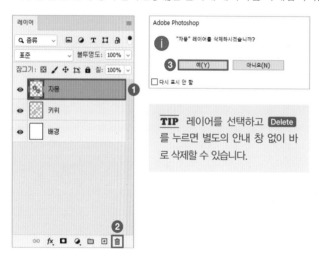

TIP 레이어를 선택하고 Delete 를 누르면 별도의 안내 창 없이 바로 삭제할 수 있습니다.

✏️ 클리핑 마스크 설정하기

2개 이상의 레이어가 위아래로 배치된 상태에서 아래쪽 레이어를 영역으로, 위쪽 레이어를 표시될 내용으로 활용하는 방법이 클리핑 마스크입니다. 상세 페이지를 만들 때 상품 사진만 바꿔서 사용하는 경우 사진을 직접 교체하면 레이아웃이 틀어질 수 있습니다. 하지만 클리핑 마스크를 이용하여 미리 영역을 지정해놓으면 추후 위쪽 레이어만 교체해서 사용할 수 있어 편리합니다.

다음과 같이 이미지 레이어와 사각형 모양 레이어가 위아래로 배치되어 있습니다. 작업 창을 보면 이미지 레이어가 캔버스 전체를 가리는 크기이므로 아래에 있는 사각형 모양 레이어는 보이지 않는 상태입니다.

레이어 패널에서 '레이어1' 레이어를 마우스 오른쪽 버튼으로 클릭한 후 [클리핑 마스크 만들기]를 선택하거나 단축키 Ctrl + Alt + G를 눌러 클리핑 마스크를 적용할 수 있습니다. 레이어 패널을 보면 내용으로 사용된 레이어는 마치 들여쓰기한 것처럼 표현되고, 작업 창을 보면 사각형 모양 영역에만 이미지가 표시되는 것을 확인할 수 있습니다.

SECTION 07
레벨 기능으로
본래의 색상 찾기

상품 사진은 상세 페이지를 디자인할 때 매우 큰 비중을 차지하는 디자인 재료입니다. 그러므로 촬영한 사진을 그대로 사용하기보다는 좀 더 보기 좋게 보정해서 사용하는 것이 좋습니다. 여기서는 가장 대표적인 보정 방법인 레벨 기능을 소개합니다. 상품의 원래 색상을 좀 더 깨끗하고 선명하게 표현할 수 있는 방법으로, 실물과 사진의 차이를 최소화하여 실물과 사진이 다르다는 고객의 불만 사항을 최대한 줄일 수 있습니다.

선명한 색상 되살리기

날씨가 흐리거나 반대로 빛의 양이 과하면 사진에서 색상이 정확하게 표현되지 않을 수 있습니다. 이럴 때 레벨 기능을 이용합니다. 밝은 부분은 더 밝고, 어두운 부분은 더욱 어둡게 보정하여 원래의 색상으로 되돌릴 수 있습니다.

[이미지]-[조정]-[레벨] 메뉴를 선택하거나 단축키 Ctrl+L 를 누릅니다. 레벨 창이 열리고 현재 열려 있는 이미지에 따라 레벨 그래프가 표시됩니다. 왼쪽 검은색 삼각형을 오른쪽으로 드래그하면 어두운 색상이 더욱 어둡게 되고, 오른쪽 흰색 삼각형을 왼쪽으로 드래그하면 밝은 색상이 더욱 밝게 조정됩니다. 보정이 끝나고 [확인] 버튼을 클릭하면 좀 더 선명하고 쨍한 보정 이미지를 얻을 수 있습니다.

✏️ 흰색 배경 되살리기

사진 촬영 기술이 부족하여 흰색 배경이 흰색처럼 보이지 않을 때도 레벨 기능을 이용하면 쉽게 보정할 수 있습니다.

[이미지]-[조정]-[레벨] 메뉴를 선택하거나 Ctrl + L 를 눌러 레벨 창을 엽니다. 레벨 그래프 오른쪽에 있는 스포이드 아이콘 중 [흰색 스포이드] 🖋 아이콘을 클릭하고 작업 창에서 흰색으로 표현할 배경을 클릭한 후 [확인] 버튼을 클릭합니다. 클릭한 지점보다 밝은 색은 모두 흰색으로 처리되어 깨끗한 배경이 완성됩니다.

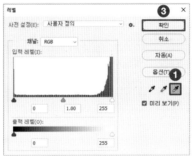

TIP 레이어 패널에서 [조정] ◎ 아이콘을 클릭한 후 [레벨]을 선택하면 '배경' 레이어 위로 새로운 '레벨1' 레이어가 추가됩니다. 추가된 '레벨1' 레이어를 활용하면 원본을 유지하면서 보정할 수 있습니다.

상품 콘셉트에 따라 기획을 하고 디자인을 진행하는 실전 프로젝트를 진행하기 전에

어느 상품에서나 간단하게 활용할 수 있는 상세 페이지를 완성해보겠습니다.

의류 쇼핑몰 사이트에서 흔히 볼 수 있는 스타일로

상세 컷을 일렬로 배치하고 간단한 설명을 입력하는 형식입니다.

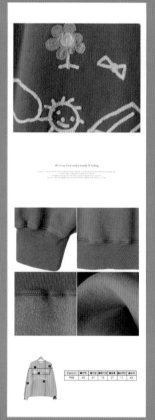

상세 컷으로
간단하게
완성하는
의류 상세 페이지

메인 이미지 영역

01 새 파일 만들기 포토샵을 실행한 후 ❶ [파일]−[새로 만들기] 메뉴를 선택하거나 단축키 Ctrl + N 을 누릅니다. 새로 만들기 문서 창이 열리면 ❷ 제목: 남성의류 상품페이지, 폭: 860픽셀, 높이: 5750픽셀, 해상도: 72픽셀/인치, 색상 모드: RGB 색상, 8bit, 배경 내용: 흰색으로 설정하고 ❸ [만들기] 버튼을 클릭합니다.

02 상품명 및 설명 입력하기 도구 패널에서 ❶ [수평 문자 도구] T 를 선택한 후 옵션 패널에서 ❷ 글꼴: 배달의 민족 주아, 크기: 60pt, 안티알리아싱(aa): Windows LCD, 정렬: 가운데 정렬(르), 색상: 검은색 (#000000)으로 설정합니다. ❸ 작업 창 맨 위에서 중앙을 클릭하여 상품명을 입력한 후 Ctrl + Enter 를 눌러 입력을 마칩니다.

03 작업 창에서 ❶ 상품명 아래쪽을 클릭하여 다시 텍스트 편집(입력) 모드로 전환합니다. '수평 문자 도구' 옵션 패널에서 ❷ **글꼴: 나눔고딕, Light, 크기: 26pt**로 변경한 후 ❸ 상품 관련 설명을 입력하고 `Ctrl`+`Enter`를 눌러 입력을 마칩니다.

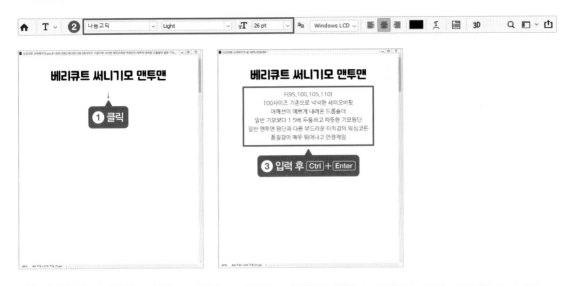

> **TIP** 문자 도구가 선택된 상태에서 작업 창의 빈 곳을 클릭하면 새로운 텍스트 레이어가 추가되면서 텍스트 편집 모드로 바뀝니다. 이때 텍스트가 입력된 곳을 클릭하면 기존 텍스트 내용을 변경할 수 있습니다.

04 레이어 그룹으로 묶기 레이어 패널을 보면 2개의 텍스트 레이어가 생성되어 있습니다. ❶ `Ctrl`을 누른 채 2개의 텍스트 레이어를 각각 클릭해서 모두 선택한 후 레이어 패널 하단에 있는 ❷ [새 그룹] 아이콘을 클릭하여 그룹으로 묶습니다. ❸ 그룹 이름을 더블 클릭하여 **제목 및 설명**으로 변경합니다.

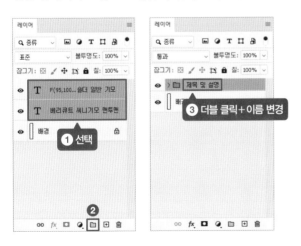

05 이미지 영역 만들기 도구 패널에서 ❶ [사각형 도구] □를 선택한 후 옵션 패널에서 ❷ 모양, 칠: 단색–회색 음영–검은색(#000000), 획: 색상 없음으로 설정합니다. ❸ 상품 설명 아래쪽에서 드래그하여 가로: 860픽셀, 세로: 650픽셀 크기의 직사각형 모양을 그립니다.

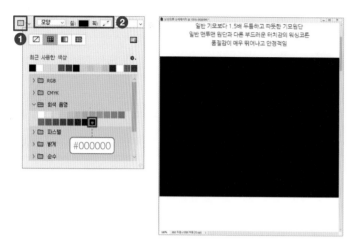

TIP 작업 창에서 드래그하면 마우스 커서를 따라 드래그한 모양의 크기가 표시됩니다. 비슷한 크기로 드래그해서 그린 후 옵션 패널에서 W(가로), H(세로) 옵션 값을 변경해도 됩니다.

06 레이어 패널에서 추가된 사각형 모양 레이어 이름을 더블 클릭한 후 메인사진영역으로 변경합니다.

07 사진 불러오기 ❶ [파일]-[고급 개체로 열기] 메뉴를 선택합니다. 예제 파일에서 ❷ **코디컷.jpg** 파일을 찾아 선택한 후 [열기] 버튼을 클릭하여 불러옵니다. 별도의 작업 창으로 사진 이미지가 열리면 도구 패널에서 ❸ [이동 도구] ⊕를 선택한 후 '남성의류 상품페이지' 작업 창으로 드래그해서 복제하고 사각형 모양 위에 겹치게 배치합니다.

> **TIP** 작업 창이 별도로 구분되지 않고 탭 형태로 열리면 30쪽을 참고하여 설정을 변경합니다.

08 클리핑 마스크 적용하기 '남성의류 상품페이지' 작업 창의 레이어 패널에서 복제해 온 ❶ '코디컷' 레이어를 마우스 오른쪽 버튼으로 클릭하고 ❷ [클리핑 마스크 만들기] 메뉴를 선택합니다.

09 상품 이미지가 사각형 모양 위에서만 표시되면 ❶ `Ctrl`+`T`를 눌러 자유 변형 모드로 전환합니다. ❷ 조절점이 표시되면 클릭한 채 드래그하여 표시될 이미지 크기를 조절합니다. 이어서 ❸ 이미지 안쪽을 클릭한 채 드래그하여 위치를 조정한 후 `Enter`를 눌러 적용합니다.

10 레이어 패널에서 ❶ `Ctrl`을 누른 채 '메인사진영역' 레이어와 '코디컷' 레이어를 선택한 후 `Ctrl`+`G`를 눌러 그룹으로 묶습니다. ❷ 그룹 이름을 더블 클릭하여 **메인이미지**로 변경합니다.

SECTION 02

기본 이미지 영역

01 **텍스트 입력하기** 도구 패널에서 ❶ [수평 문자 도구] T.를 선택한 후 옵션 패널에서 ❷ **글꼴: 배달의 민족 주아, 크기: 20pt, 안티알리아싱(ªª): Windows LCD, 정렬: 가운데 정렬(틀), 색상: 회색(#999999)**으로 설정합니다. 작업 창에서 ❸ 메인 이미지 아래쪽 중앙을 클릭하여 제목 텍스트를 입력하고 Ctrl + Enter 를 눌러 입력을 마칩니다.

TIP 실습에서 입력한 텍스트(Attractive and Lovely Styling)는 특별한 의미를 담았다기보다는 꾸미기 성격이 강합니다. 그러므로 제품과 관련된 적당한 문장을 찾아 입력하면 됩니다.

02 ❶ 제목 텍스트 아래를 클릭하여 텍스트 레이어를 추가합니다. '수평 문자 도구' 옵션 패널에서 ❷ **글꼴: Arial, Regular, 크기: 10pt**로 설정을 변경한 후 ❸ 임의의 영문 문장을 입력합니다. Ctrl + Enter 를 눌러 입력을 마칩니다.

TIP 실습에서는 영영 사전에서 'attractive'를 검색한 후 결과를 복사해서 붙여 넣는 방법으로 영어 문장을 입력했습니다. 이처럼 꾸미기용 텍스트는 특별한 의미 없이 단순하게 관련 텍스트 조합이나 의미 등을 활용합니다.

03 레이어 패널에서 ❶ Ctrl 을 누른 채 2개의 텍스트 레이어를 선택한 후 Ctrl + G 를 눌러서 그룹으로 묶습니다. ❷ 그룹 이름을 더블 클릭하여 **장식문자1**로 변경합니다.

04 전체 컷 배치하기 ❶ [파일]-[고급 개체로 열기] 메뉴를 선택하여 **전체컷.jpg** 파일을 찾아 불러옵니다. 도구 패널에서 ❷ [이동 도구] ⊹을 선택하고 전체 컷 이미지를 '남성의류 상품페이지' 작업 창으로 드래그합니다.

05 '남성의류 상품페이지' 작업 창에서 ❶ Ctrl + T 를 눌러 자유 변형 모드로 전환합니다. ❷ 이미지 크기와 위치를 조절하고 Enter 를 눌러 적용합니다.

> **TIP** 자유 변형 모드에서 조절점을 드래그해 크기를 조절하고, 이미지 안쪽을 드래그해 위치를 변경할 수 있습니다. 또한 Enter 를 눌러 적용한 다음 이미지 위치를 수정하고 싶다면 도구 패널에서 [이동 도구] ⊹를 선택한 후 이미지를 드래그해서 재배치할 수 있습니다.

06 앞면 이미지 배치하기 도구 패널에서 **①** [사각형 도구] ▢를 선택한 후 옵션 패널에서 **②** **모양, 칠: 단색–회색 음영–검은색(#000000), 획: 색상 없음**으로 설정합니다. **③** 전체 컷 아래쪽에서 드래그하여 **가로: 780픽셀, 세로: 650픽셀** 크기로 직사각형 모양을 그립니다. 레이어 패널에서 **④** 모양 레이어 이름을 더블 클릭하여 **앞면사진영역**으로 변경합니다.

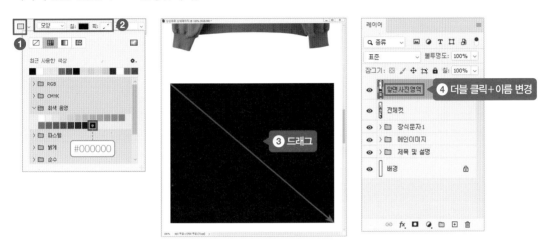

> **TIP** 언제든 이미지만 교체할 수 있도록 클리핑 마스크를 적용할 영역입니다. 클리핑 마스크에 대한 자세한 내용은 55쪽을 참고하세요.

07 ① [파일]–[고급 개체로 열기] 메뉴를 선택하여 **앞면.jpg** 파일을 불러옵니다. 도구 패널에서 **②** [이동 도구] ✛를 선택한 후 '남성의류 상품페이지' 작업 창으로 드래그하여 복제합니다.

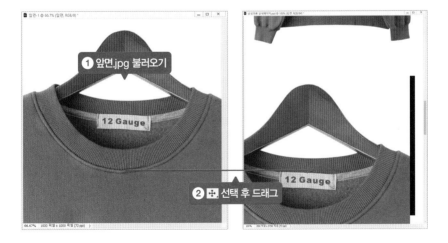

08 클리핑 마스크 적용하기 레이어 패널에서 복제해 온 ❶ '앞면' 레이어를 마우스 오른쪽 버튼으로 클릭한 후 ❷ [클리핑 마스크 만들기]를 선택합니다.

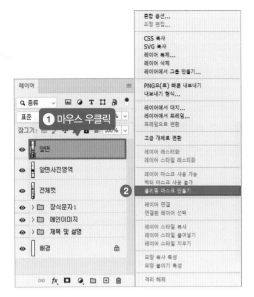

09 사각형 모양 영역에만 이미지가 표시되면 ❶ Ctrl + T 를 눌러 ❷ 크기와 위치를 조절하고 Enter 를 눌러 적용합니다.

10 ❶ Ctrl 을 누른 채 '앞면사진영역'과 '앞면' 레이어를 선택한 후 Ctrl + G 를 눌러서 그룹으로 묶습니다. ❷ 그룹 이름을 더블 클릭하여 **앞면이미지**로 변경합니다.

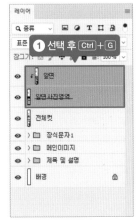

11 그룹 복제하기 도구 패널에서 ❶ [이동 도구] ✛를 선택한 후 옵션 패널에서 ❷ **자동 선택** 옵션의 체크를 해제합니다. 작업 창에서 ❸ Alt 를 누른 채 아래쪽으로 드래그하여 '앞면이미지' 그룹을 복제하고, 레이어 패널에서 ❹ 그룹 이름을 더블 클릭하여 **자수이미지**로 변경합니다.

TIP [이동 도구]의 자동 선택 옵션

[이동 도구]를 선택한 후 옵션 패널에서 **자동 선택** 옵션에 체크하고 [그룹] 또는 [레이어]를 선택하면 작업 창에서 마우스로 클릭한 그룹 또는 레이어가 자동으로 선택됩니다. 즉, 작업 창에서 특정 이미지를 클릭하면 레이어 패널에서 해당 이미지가 포함된 그룹 또는 해당 이미지가 선택됩니다.

수많은 레이어 중에서 작업할 레이어를 선택할 때는 **자동 선택: 레이어** 옵션에 체크하는 것이 좋지만 위 과정처럼 그룹을 복제할 때는 **자동 선택: 그룹**으로 옵션을 변경해야 하는 번거로움이 있습니다. 그러므로 **자동 선택** 옵션의 체크를 해제하고 작업하길 추천합니다. 체크를 해제하면 작업 창에서 어느 위치를 클릭하더라도 Alt 를 누른 채 드래그하면, 레이어 패널에서 선택 중인 레이어 혹은 그룹을 복제할 수 있습니다.

만약 **자동 선택: 레이어**로 설정된 상태에서 위 실습을 진행한다면 그룹에 포함된 일부 레이어만 복제될 수 있습니다.

12 ❶ '자수이미지' 그룹을 펼친 후 ❷ '앞면' 레이어를 선택하고 Delete 를 눌러 삭제합니다.

13 ❶ [파일]-[고급 개체로 열기] 메뉴를 선택한 후 **자수.jpg** 파일을 찾아 불러옵니다. 도구 패널에서 ❷ [이동 도구] ⊕를 선택한 후 자수 이미지를 '남성의류 상품페이지' 작업 창의 검은색 사각형 위로 드래그 하여 복제합니다.

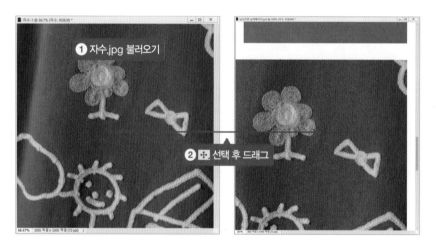

14 레이어 패널에서 ❶ '자수' 레이어를 마우스 오른쪽 버튼으로 클릭한 후 ❷ [클리핑 마스크 만들기]를
선택합니다.

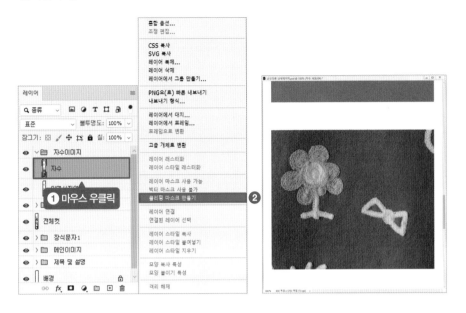

15 ❶ `Ctrl`+`T`를 눌러 ❷ '자수' 이미지의 크기와 위치를 조절하고 `Enter`를 눌러 적용합니다. 레이어 패
널에서 ❸ '자수이미지' 그룹을 접습니다.

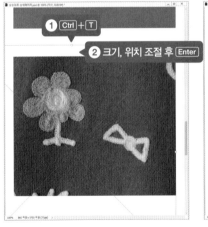
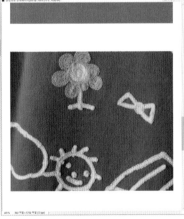

16 꾸미기용 텍스트 복제하기 레이어 패널에서 ❶ '장식문자1' 그룹을 선택합니다. 도구 패널에서 ❷ [이동 도구] ⊕를 선택한 후 작업 창에서 Alt 를 누른 채 자수 이미지 아래쪽으로 드래그하여 복제합니다.

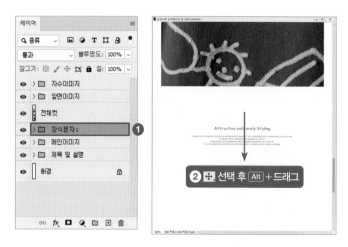

17 레이어 패널에서 ❶ 복제한 '장식문자 1 복사' 그룹의 이름을 더블 클릭하여 **장식문자2**로 변경합니다. ❷ '장식문자2' 그룹을 '자수이미지' 위쪽으로 드래그하여 위치를 옮깁니다.

디테일 이미지 영역

01 **이미지 영역 만들기** 도구 패널에서 ❶ [사각형 도구] □를 선택한 후 옵션 패널에서 ❷ **모양, 칠: 검은 색(#000000), 획: 색상 없음**으로 설정합니다. ❸ 두 번째 꾸미기 텍스트 아래쪽에서 드래그하여 **가로: 380픽 셀, 세로: 380픽셀** 크기로 정사각형 모양을 그립니다.

TIP Shift 를 누른 채 드래그하면 간단하게 정사각형을 그릴 수 있습니다.

02 **영역 복제하기** 레이어 패널에서 ❶ 추가된 모양 레이어를 더블 클릭하여 이름을 **영역1**로 변경합니다. 도구 패널 에서 ❷ [이동 도구] ⊕를 선택한 후 작 업 창에서 Shift + Alt 를 누른 채 오른쪽 으로 드래그하여 영역을 복제합니다.

TIP Alt 를 누른 채 드래그해서 복제할 때 Shift 를 함께 누르면 수평, 수직으로 복제할 수 있습니다. 복제한 후 위치를 정교하게 수정 하고 싶다면 키보드의 방향키를 눌러 1픽셀씩 옮길 수 있습니다.

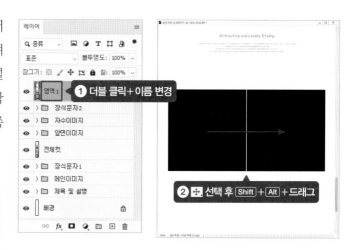

03 레이어 패널에서 ❶ 복제한 레이어를 더블 클릭하여 이름을 **영역2**로 변경합니다. ❷ [Ctrl]을 누른 채 2개의 영역 레이어를 선택합니다.

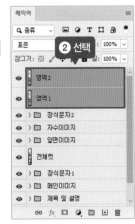

04 작업 창에서 ❶ [Shift]+[Alt]를 누른 채 아래쪽으로 드래그하여 복제합니다. 2개의 레이어가 한 번에 복제되었습니다. 레이어 패널에서 ❷ 복제된 레이어 이름을 각각 **영역3**, **영역4**로 변경합니다.

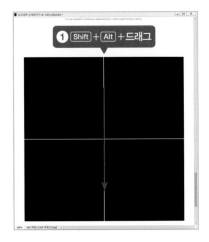

05 레이어 패널에서 ❶ '영역1' 레이어를 선택한 후 ❷ [파일]-[고급 개체로 열기] 메뉴를 선택하여 **디테일1-소매단.jpg** 파일을 불러옵니다. 도구 패널에서 ❸ [이동 도구] ⊹를 선택한 후 소매 단 이미지를 '남성 의류 상품페이지' 작업 창으로 드래그하여 복제합니다.

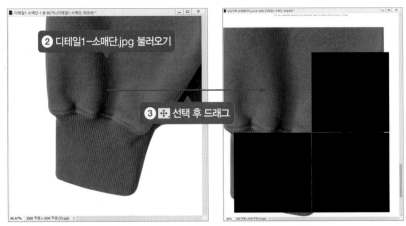

TIP 새로운 레이어를 복제해 오거나 추가하면 현재 선택한 레이어 바로 위에 새로운 레이어(복제된 레이어)가 추가됩니다. 첫 번째 영역에 클리핑 마스크를 적용하기 위해 '영역1' 레이어를 선택한 후 이미지를 복제했습니다.

06 '디테일1 – 소매단' 레이어가 선택된 채로, '남성의류 상품페이지' 작업 창에서 ❶ Ctrl + Alt + G 를 눌러 클리핑 마스크를 적용합니다. 이어서 ❷ Ctrl + T 를 눌러 ❸ 크기와 위치를 조절하고 Enter 를 눌러 적용합니다.

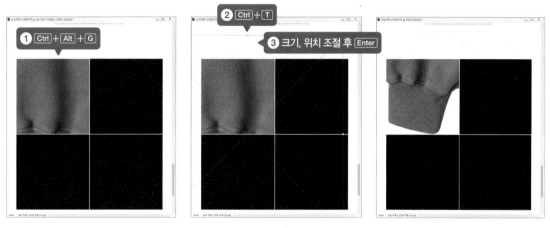

07 레이어 패널에서 ❶ '영역2' 레이어를 선택합니다. ❷ [파일] – [고급 개체로 열기] 메뉴를 선택한 후 이번에는 **디테일2–하단.jpg** 파일을 불러옵니다. 그다음에는 05~06 과정과 동일하게 진행하면 됩니다. ❸ 하단 이미지를 복제하여 배치한 다음 Ctrl + Alt + G 를 눌러 클리핑 마스크를 적용합니다.

08 ❶ Ctrl + T 를 눌러 ❷ 크기와 위치를 조정한 뒤 Enter 를 눌러 두 번째 디테일 이미지 배치까지 완료합니다.

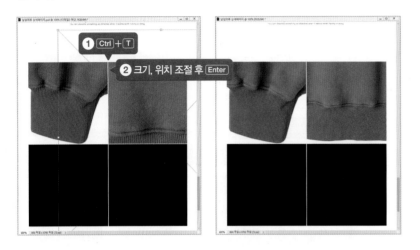

09 위의 과정을 두 번 더 반복하여 ❶ '영역3' 레이어에는 **디테일3-안감.jpg**를, '영역4' 레이어에는 **디테일4-원단.jpg**를 각각 배치하고 클리핑 마스크를 적용하여 완성합니다. 레이어 패널에서 ❷ '영역1' 레이어를 선택하고 Shift 를 누른 채 '디테일4-원단' 레이어를 클릭해서 선택한 다음 Ctrl + G 를 눌러 그룹으로 묶습니다. ❸ 그룹 이름을 더블 클릭하여 **디테일이미지**로 변경합니다.

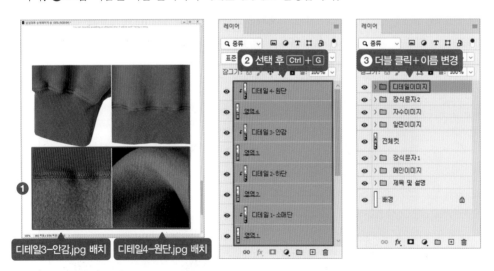

디테일3-안감.jpg 배치　디테일4-원단.jpg 배치

제품 사이즈 표 영역

01 이미지 배치하기 ❶ [파일]−[고급 개체로 열기] 메뉴를 선택하여 **전체컷.jpg** 파일을 불러옵니다. 도구 패널에서 **❷** [이동 도구] ⊕를 선택한 후 '남성의류 상품페이지' 작업 창으로 드래그하여 복제합니다.

TIP 앞서 기본 이미지 영역에서 사용한 '전체컷' 레이어를 선택한 후 복제 해서 배치해도 됩니다.

02 ❶ Ctrl + T 를 눌러 자유 변형 모드로 전환합니다. **❷** 조절점을 드래그하여 **가로: 270픽셀, 세로: 270픽셀** 크기로 조절하고 디테일 이미지 왼쪽 아래에 배치한 후 Enter 를 눌러 적용합니다.

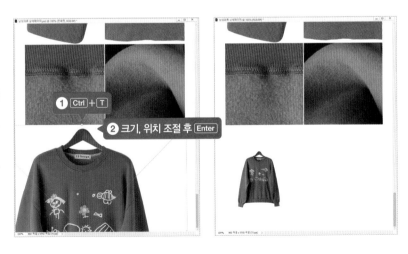

03 **투명도 조절하기** 레이어 패널에서 '전체컷' 레이어가 선택된 상태로 **불투명도: 40%**로 설정하여 반투명한 이미지를 만듭니다.

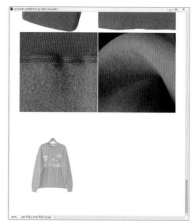

04 **치수 선 그리기** 도구 패널에서 ❶ [선 도구] ✏️를 선택한 후 옵션 패널에서 ❷ **모양, 칠: 검은색 (#000000), 획: 색상 없음**으로 설정합니다. 계속해서 ❸ [추가 모양 및 패스 옵션 설정] ⚙️ 아이콘을 클릭한 후 ❹ **화살촉 시작: 체크, 끝: 체크, 폭: 500%, 길이: 500%, 오목한 정도: 0%**로 설정합니다.

05 반투명한 전체 컷 이미지에서 ❶ 왼쪽 어깨를 클릭합니다. ❷ Shift 를 누른 채 오른쪽으로 드래그하여 가로 어깨 부분에 치수 선을 그립니다.

06 같은 방법으로 가슴, 총기장 치수를 표시할 부분에 치수 선을 그립니다. 이어서 암홀과 소매 단, 소매 부분에 사선으로 치수 선을 그립니다. 수직, 수평이 아닌 직선을 그릴 때는 Shift 를 누르지 않고 드래그해야 합니다.

07 원문자 입력하기 도구 패널에서 ❶ [수평 문자 도구] T 를 선택한 후 옵션 패널에서 ❷ 글꼴: 나눔 고딕, Regular, 크기: 16pt, 안티알리아싱(ªª): Windows LCD, 정렬: 가운데 정렬(틀), 색상: 검은색(#000000) 으로 설정합니다. 작업 창에서 ❸ 어깨 치수 선 위쪽을 클릭하여 텍스트 레이어를 생성합니다.

08 ❶ [창]−[글리프] 메뉴를 선택하여 글리프 패널을 열고, ❷ 숫자로 설정합니다. 숫자 목록 중 ❸ [원문자1] ❶을 더블 클릭하여 입력하고 ❹ Ctrl + Enter 를 눌러 입력을 마칩니다.

TIP 목록에 원문자가 보이지 않는다면 글꼴을 바꿔가면서 찾아봅니다.

09 위와 같은 방법으로 원문자를 입력할 위치를 클릭해서 텍스트 레이어를 추가하고, 글리프 패널에서 사용할 원문자를 입력하여 치수 선을 완성합니다.

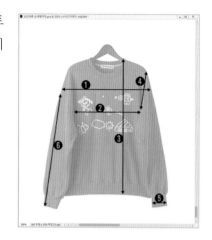

10 레이어 패널에서 ❶ '전체컷' 레이어를 선택한 후 Shift 를 누른 채 마지막 원문자 텍스트 레이어를 클릭해서 선택하고 Ctrl + G 를 눌러 그룹으로 묶습니다. ❷ 그룹 이름을 더블 클릭하여 **사이즈이미지**로 변경합니다.

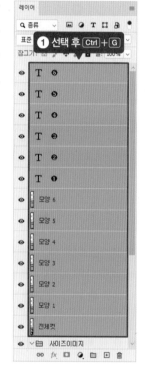

11 [파일]−[고급 개체로 열기] 메뉴를 선택하여 **사이즈 표.jpg** 파일을 불러옵니다. 도구 패널에서 [**이동 도구**] 를 선택한 후 '남성의류 상품페이지' 작업 창으로 드래그합니다. 다음과 같이 치수 선 이미지 오른쪽에 배치하여 상세 페이지를 완성합니다.

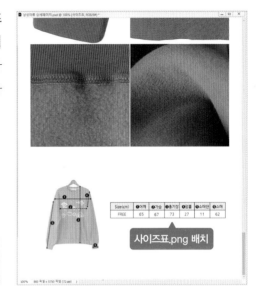

> **TIP** 사이즈 표는 사각형 모양을 이용하여 직접 그릴 수 있습니다. 사이즈 표를 직접 그리고 싶다면 278쪽을 참고하세요.

 결과 확인하기

실전 프로젝트를 진행하기에 앞서 가장 간단한 형태의 상세 페이지를 실습해봤습니다. 이번 실습보다 더 간단하게 일렬로 사진만 배치하는 형태로 구성하기도 합니다. 무엇보다 중요한 것은 판매하는 상품 콘셉트에 맞는 디자인, 판매를 향상시킬 수 있는 디자인 계획을 세워야 한다는 점입니다. 이어지는 [실전]에서는 좀 더 구체적으로 계획을 세우고 디자인하는 연습을 진행해보겠습니다. 완성 결과는 아래 QR 코드를 찍어 웹에서 확인할 수 있으며, 남성의류 상세페이지.psd 파일을 실행하면 레이어가 살아 있는 포토샵 결과물을 확인할 수 있습니다.

✏ 추억 소환 M사 스피커 상세 페이지

**상품
콘셉트**

M사 스피커 라인업 중에서 가장 작은 스피커입니다. 엔틱 감성을 물씬 풍기는 블랙과 골드의 조합으로 세계 유명 뮤지션들에게 사랑받는 제품입니다. 제품 사진 촬영 배경은 일상 공간입니다. 어니에 두어도 잘 어울리며 고급스러운 생활 속 소품처럼 활용할 수 있다는 점을 강조하기 위해 카페나 거실의 탁자, 책상 위 등에 놓인 모습으로 촬영했습니다.

**디자인
콘셉트**

제품 자체로 충분히 고급스럽고 엔틱한 느낌을 표현할 수 있으니 굳이 콘셉트를 표현하기 위해 꾸미는 요소를 다양하게 배치하지 않습니다. 대신 상품 사진 자체가 잘 부각되도록 배경을 심플하게 구성하겠습니다. 어두운 회색과 검은색을 잘 활용하여 간결하고 잔잔한 느낌을 연출한 후 스피커에 사용된 골드를 포인트로 활용하여 전체적으로 고급스러운 느낌의 배경을 만듭니다. 그리고 종이가 찢긴 듯한 느낌으로 엔틱함을 표현합니다.

색상&글꼴 가이드

검은색, 골드, 회색 세 가지 색을 사용하여 고급스럽고 은은한 느낌으로 컬러 계획을 세웁니다. 검은색과 골드는 상품 자체의 특징적인 컬러입니다. 두 색의 조합을 제목과 강조할 부분에 포인트 컬

| #000000 | #f3cf6f | #dcdcdc |

러로 활용함으로써 가독성을 높이면서도 산만하지 않고 고급스러운 분위기를 연출할 수 있습니다. 글꼴은 제품에 사용된 것과 유사한 흘림체를 포인트 글꼴로 활용하고, 나머지는 고딕 계열을 사용하여 가독성을 높입니다.

마케팅 포인트

전자 제품을 마케팅할 때는 제품 설명과 제품 사양 정보가 중요합니다. 특히 인터넷으로 제품을 구입하는 고객일수록 지난 버전과 성능 비교를 꼼꼼하게 하는 편입니다. 그러므로 제품 기능 중에 강조하고 싶은 부분이나 많이 궁금해하는 내용은 디테일 컷으로 표현하고, 제품 사양을 빠르게 비교해볼 수 있도록 배치해야 합니다.

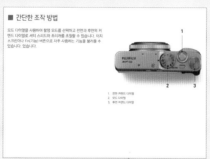

유의 사항

검은색이나 회색 등의 무채색 계열을 주로 사용하면 고급스러운 분위기를 연출할 수 있지만 잔잔한 느낌이 강조되어 심리적으로 다운되는 느낌을 받을 수 있습니다. 따라서 밝은 계열의 포인트 컬러를 활용하면 좋습니다. 이번 디자인에서는 골드 컬러와 함께 컬러감이 풍부한 상품 사진을 활용하겠습니다.

세부 디자인 설계하기

메인 이미지

최대한 상품이 잘 보이도록 배경 없이 상품만 깔끔하게 따낸 이미지를 준비합니다. 상품이 바닥에 놓여 있는 느낌을 연출하기 위해 그림자를 표현해줍니다. 배경은 제품 콘셉트와 잘 어울리도록 무채색으로 간결하면서 고급스럽게 표현합니다. 이에 더해 찢어진 느낌을 연출하여 엔틱함을 표현하는 동시에 포인트 디자인으로 활용합니다.

디테일 컷

카페의 한쪽 구석, 거실 의자, 식탁, 책상 위에 무심한 듯 놓인 제품의 모습을 연출하여 언제 어디서나 일상적으로 활용하는 콘셉트의 디테일 컷을 사용합니다. 디테일 컷 모서리를 직각보다는 둥글게 표현함으로써 좀 더 편안한 느낌을 줄 수 있습니다.

제품 설명

온라인 전자 제품 구매 고객이 중요하게 여기는 기능은 도드라지게 보이도록 크게 촬영한 후 설명과 함께 노출합니다. 이를 통해 고객은 주요 관심사를 빠르게 파악할 수 있습니다.

명칭 설명

부분별 명칭을 정확하게 알려줘야 합니다. 상품이 부각될 수 있도록 상품 이외의 다른 부분은 흑백으로 처리하고, 실선과 원을 이용하여 깔끔하게 부분별 명칭을 전달합니다.

제품 사양

'오디오 사양'과 '외부 사양' 두 가지로 구분하여 표현합니다. 검은색과 회색, 텍스트만으로 표를 구성하되 표 머리 디자인을 단조롭지 않게 표현해서 세련된 표 디자인을 완성합니다.

그림자 효과가 돋보이는
로고 디자인

01 **새 파일 만들기** ❶ [파일]−[새로 만들기] 메뉴를 눌러(Ctrl+N) 새로 만들기 문서 창을 열고 ❷ 제목: 스피커 상품페이지, 폭: 860픽셀, 높이: 6300픽셀, 해상도: 72픽셀/인치, 색상 모드: RGB 색상, 8bit, 배경 내용: 흰색으로 설정한 후 ❸ [만들기] 버튼을 클릭합니다.

02 **로고 만들기** '스피커 상품페이지' 작업 창이 열립니다. ❶ [파일]-[고급 개체로 열기] 메뉴를 눌러 실습 파일에서 ❷ **로고.png** 파일을 찾아 선택한 후 [열기]를 누릅니다. '스피커 상품페이지'와 '로고-1' 2개의 작업 창이 열려 있습니다. 왼쪽 도구 패널에서 ❸ [이동 도구] 💠를 선택한 후 '로고-1' 작업 창에 있는 이미지를 '스티커 상품페이지' 작업 창으로 드래그하여 복제합니다.

TIP 포토샵 기본 설정에서는 여러 개의 작업 창을 열면 하나의 작업 창에 그룹 형태로 묶어서 표시됩니다. 보기에는 깔끔하지만 실습에서처럼 작업 창 간 이미지를 드래그해서 복제하기에는 불편합니다. 이럴 때는 기본 설정을 변경하거나 직접 각 작업 창을 드래그하여 별도의 작업 창으로 분리할 수 있습니다. 기본 설정 변경 방법은 30쪽을 참고하세요.

03 '스피커 상품페이지' 작업 창에서 ❶ [편집]-[자유 변형] 메뉴를 선택하거나 단축키 Ctrl + T 를 누릅니다. 복제해 온 이미지가 자유 변형 모드가 되면 ❷ 모서리에 있는 조절점을 안쪽으로 드래그하여 **가로: 340픽셀, 세로: 117픽셀** 크기로 줄인 후 Enter 를 눌러 적용합니다.

04 도구 패널에서 **❶** [이동 도구] ⊕를 선택하고, 작업 창에서 '로고' 이미지를 드래그하여 상단 중앙에 배치합니다. 이어서 **❷** Alt 를 누른 채 아래로 드래그하여 이미지를 복제/배치합니다.

> **TIP** 레이어 패널에서 '배경'과 '로고' 레이어를 선택한 후 [이동 도구]의 옵션 패널에서 **수평 중앙 정렬** 아이콘을 클릭하여 로고를 중앙에 배치합니다. Shift 를 누른 채 위/아래로 드래그하면 상단 중앙부에서 원하는 위치에 배치할 수 있습니다.

05 그림자 효과 연출하기 **❶** [편집]-[변형]-[세로로 뒤집기] 메뉴를 선택하여 복제된 이미지를 뒤집습니다. 레이어 패널에서 아래쪽에 있는 **❷** [레이어 마스크 추가] ▣ 아이콘을 선택합니다.

06 도구 패널에서 ❶ [그레이디언트 도구] █를 선택합니다. 옵션 패널에서 ❷ 그레이디언트 스타일 옵션의 [펼침] ☑ 아이콘을 클릭하고 ❸ 기본 사항-검정, 흰색으로 설정합니다. 계속해서 ❹ 선형 그레이디언트(█), 모드: 표준, 불투명도: 100%로 설정합니다. 작업 창에서 ❺ Shift 를 누른 채 아래에서 위로 드래그하여 다음과 같이 부드럽게 사라지는 그림자를 연출합니다.

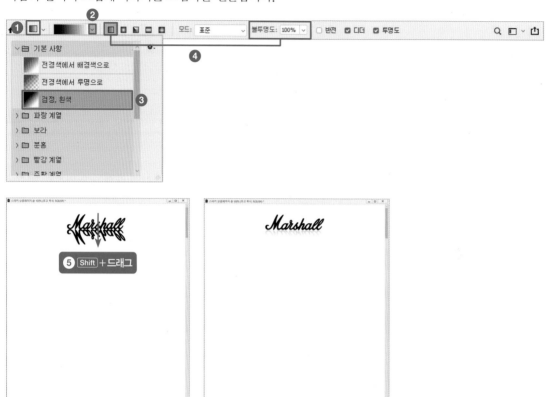

07 레이어 패널에서 ❶ Shift 를 누른 채 '로고'와 '로고 복사' 레이어를 클릭해서 선택한 후 ❷ [새 그룹 만들기] █ 아이콘을 클릭합니다(Ctrl + G). 선택한 2개의 레이어가 그룹으로 묶이면 ❸ 그룹 이름을 더블 클릭하여 **로고**로 수정합니다. 로고가 완성되었습니다.

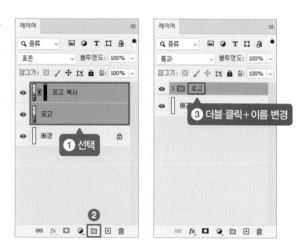

영문 카피를 장식처럼 활용한
카피 영역

01 **영문 카피 입력하기** 도구 패널에서 ❶ [모서리가 둥근 직사각형 도구] ▣를 선택합니다. 옵션 패널에서 ❷ 모양, 칠: 단색-회색 음영-검은색(#000000), 획: 색상 없음으로 설정합니다. 작업 창에서 ❸ 로고 아래쪽을 드래그하여 가로: 525픽셀, 세로: 32픽셀 크기의 모서리가 둥근 직사각형을 그립니다.

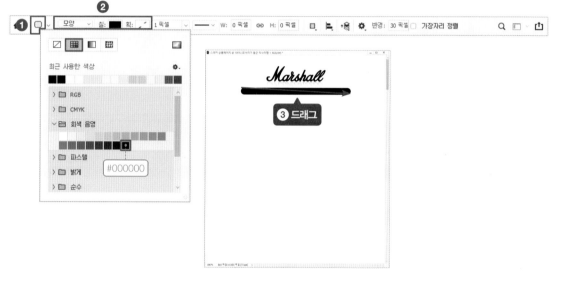

TIP 포토샵 2021부터는 [모서리가 둥근 직사각형 도구]가 없어졌습니다. 그러므로 [사각형 도구]를 선택한 후 옵션 패널에서 [둥근 모퉁이 반경 설정] 값을 [반경] 옵션 값만큼 설정하면 됩니다.

TIP 옵션 패널에서 **칠** 또는 **획** 옵션을 클릭한 후 팝업 창에서 사용할 색상을 직접 선택해도 되지만, 정확한 색상 값으로 선택하고 싶을 때는 팝업 창 오른쪽 위에 있는 [색상 피커] 아이콘을 클릭한 후 색상 값을 입력하면 됩니다.

02 도구 패널에서 **❶** [수평 문자 도구] [T]를 선택하고, 옵션 패널에서 **❷** 글꼴: Arial, Regular, 크기: 20pt, 안티알리아싱 (ªa): 선명하게, 정렬: 가운데 정렬(畺), 색상: 노란색(#f3cf6f)으로 설정합니다. 작업 창에서 **❸** Shift 를 누른 채 검은색 바를 클릭한 후 **❹** 텍스트를 입력하고 Ctrl + Enter 를 눌러 입력을 마칩니다.

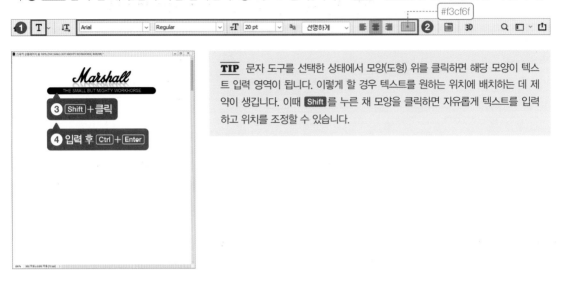

TIP 문자 도구를 선택한 상태에서 모양(도형) 위를 클릭하면 해당 모양이 텍스트 입력 영역이 됩니다. 이렇게 할 경우 텍스트를 원하는 위치에 배치하는 데 제약이 생깁니다. 이때 Shift 를 누른 채 모양을 클릭하면 자유롭게 텍스트를 입력하고 위치를 조정할 수 있습니다.

03 레이어 패널에서 **❶** Shift 를 누른 채 '모서리가 둥근 직사각형1'과 텍스트 레이어를 클릭해서 선택하고, Ctrl + G 를 눌러 그룹으로 묶습니다. **❷** 그룹 이름을 더블 클릭하여 **영문설명**으로 변경합니다.

04 메인 카피 입력하기 도구 패널에서 **①** [수평 문자 도구] T 를 선택한 후 옵션 패널에서 **②** 글꼴: Noto Sans CJK KR, Regular, 크기: 60pt, 안티알리아싱 (aa): 선명하게, 정렬: 가운데 정렬(≣), 색상: 검은색 (#000000)으로 설정합니다. 작업 창에서 **③** 텍스트 막대 아래쪽을 클릭하여 메인 카피(작지만 더욱 강력한 사운드)를 입력하고 Ctrl + Enter 를 눌러 입력을 마칩니다.

#000000

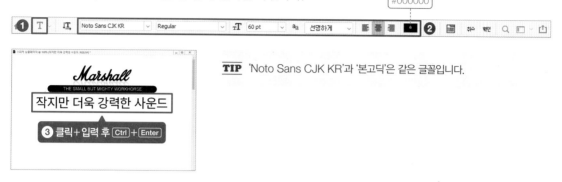

TIP 'Noto Sans CJK KR'과 '본고딕'은 같은 글꼴입니다.

05 작업 창에서 **①** 메인 카피 아래쪽을 클릭해서 새로운 텍스트 레이어를 추가합니다. '수평 문자 도구' 옵션 패널에서 **②** 글꼴: 나눔고딕, Regular, 크기: 20pt, 안티알리아싱(aa): Windows LCD, 정렬: 가운데 정렬 (≣), 색상: 회색(#333333)으로 설정합니다. **③** 설명하는 텍스트를 입력하고 Ctrl + Enter 를 눌러 입력을 마칩니다.

#333333

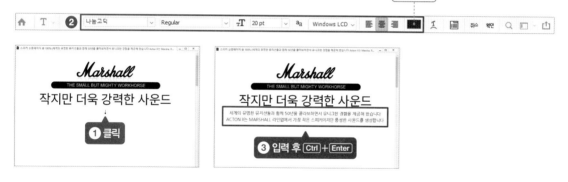

06 레이어 패널에서 **①** Shift 를 누른 채 2개의 텍스트 레이어를 선택한 후 Ctrl + G 를 눌러서 그룹으로 묶습니다. **②** 그룹 이름을 더블 클릭하여 **한글설명** 으로 변경합니다.

깔끔하면서 엔틱한
메인 이미지 영역

01 엔틱한 배경 만들기 레이어 패널에서 ❶ [새 레이어] ⊡ 아이콘을 클릭하여 레이어를 추가합니다. ❷ 새 레이어의 이름을 더블 클릭하여 **메인배경**으로 변경합니다.

02 도구 패널에서 ❶ [전경색] ▣ 아이콘을 클릭합니다. 색상 피커 창이 열리면 ❷ **색상: 회색** (#333333)으로 설정한 후 ❸ [확인]을 클릭합니다.

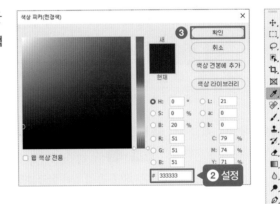

03 도구 패널에서 ❶ [사각형 도구] ▣ 를 선택한 후 옵션 패널에서 ❷ **픽셀, 모드: 표준, 불투명도: 100%**로 설정합니다. ❸ 카피 설명글 아래쪽에서 드래그하여 **가로: 860픽셀, 세로: 370픽셀** 크기로 직사각형을 그립니다.

04 도구 패널에서 ❶ [지우개 도구] ◢ 를 선택합니다. 옵션 패널에서 ❷ 브러시 설정 옵션의 [펼침] ◡ 아이콘을 클릭한 후 팝업 창에서 ❸ **크기: 36픽셀, 종류: 레거시 브러시-기본 브러시-넓게 퍼진 목탄**으로 설정합니다(기본 브러시 중 아래에서 12번째 브러시입니다).

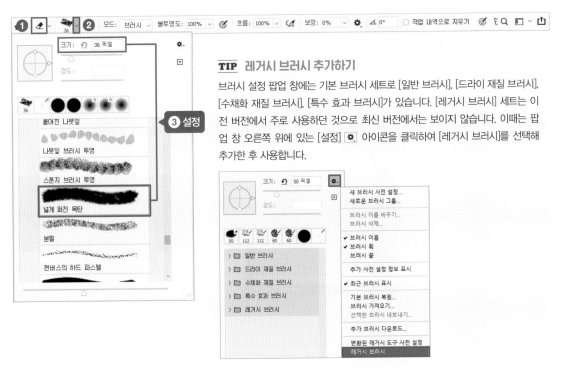

TIP 레거시 브러시 추가하기

브러시 설정 팝업 창에는 기본 브러시 세트로 [일반 브러시], [드라이 재질 브러시], [수채화 재질 브러시], [특수 효과 브러시]가 있습니다. [레거시 브러시] 세트는 이전 버전에서 주로 사용하던 것으로 최신 버전에서는 보이지 않습니다. 이때는 팝업 창 오른쪽 위에 있는 [설정] ⚙ 아이콘을 클릭하여 [레거시 브러시]를 선택해 추가한 후 사용합니다.

05 작업 창에서 검은색 사각형 아래쪽을 드래그해서 종이가 찢어진 것처럼 자연스럽게 지웁니다.

06 메인 사진 배치하기
❶ [파일]-[고급 개체로 열기] 메뉴를 선택해서 실습 파일 중 **정면.png** 파일을 찾아 엽니다. '정면-1' 작업 창이 열리면 도구 패널에서 ❷ [이동 도구] ⊕를 선택합니다. 스피커 이미지를 '스피커 상품페이지' 작업 창으로 드래그해서 복제합니다.

07 '스피커 상품페이지' 작업 창에서 ❶ Ctrl + T 를 눌러 복제해 온 스피커 사진을 자유 변형 모드로 전환합니다. ❷ 조절점 모서리를 안쪽으로 드래그하여 **가로: 340픽셀, 세로: 117픽셀** 크기로 조절한 후 Enter 를 눌러 적용합니다.

08 도구 패널에서 ❶ [수평 문자 도구] T 를 선택하고, 옵션 패널에서 ❷ 글꼴: Arial, Narrow Bold, 크기: 29pt, 안티알리아싱(ⓐa): 선명하게, 정렬: 가운데 정렬(☰), 색상: 흰색(#ffffff)으로 설정합니다. ❸ 검은색 사각형을 클릭하여 간단한 텍스트를 입력하고 Ctrl + Enter 를 눌러 입력을 마칩니다.

09 레이어 패널에서 ❶ Shift 를 누른 채 메인 배경, 정면 사진, 텍스트 레이어를 선택한 후 Ctrl + G 를 눌러서 그룹으로 묶습니다. ❷ 그룹 이름을 더블 클릭하여 **메인이미지**로 변경하면 메인 이미지 영역까지 완료됩니다.

일상 소품임을 표현하는 콘셉트 사진 영역

01 콘셉트 입력하기 도구 패널에서 ❶ [수평 문자 도구] T 를 선택하고 옵션 패널에서 ❷ **글꼴: 나눔고딕, Regular, 크기: 26pt, 안티알리아싱(ª): Windows LCD, 정렬: 가운데 정렬(틀), 색상: 회색(#333333)**으로 설정합니다. ❸ 스피커 사진 아래쪽을 클릭하여 한 줄 콘셉트(방이나 카페 등에서 뛰어난 밸런스와 강력한 오디오를 경험할 수 있습니다)를 입력한 후 Ctrl + Enter 를 누릅니다.

02 사진 배치 영역 만들기 도구 패널에서 ❶ [사각형 도구] □ 를 선택한 후 옵션 패널에서 ❷ **칠: 검은색(#000000), 획: 색상 없음**으로 설정합니다. 작업 창에서 ❸ 드래그하여 **가로(W): 235픽셀, 세로(H): 448픽셀** 크기로 직사각형 모양을 그립니다.

03 도구 패널에서 ❶ [이동 도구] ✛를 선택합니다. 작업 창에서 Alt 를 누른 채 검은색 사각형을 오른쪽으로 드래그해서 3픽셀 정도 간격을 두고 복제합니다. ❷ Ctrl + T 를 눌러 복제한 사각형을 자유 변형 모드로 전환한 후 ❸ 가로: 300픽셀, 세로: 210픽셀로 변경하고 Enter 를 눌러 적용합니다.

TIP 자유 변형 모드에서 모양의 크기를 바꿀 때는 조절점을 드래그하거나 옵션 패널의 H, W 옵션으로 설정합니다.

04 [이동 도구] ✛가 선택된 상태에서 ❶ Alt 를 누른 채 복제한 사각형 아래로 드래그하여 3픽셀 정도 간격을 두고 다시 복제합니다. ❷ Ctrl + T 를 눌러 자유 변형 모드로 전환한 후 ❸ 세 번째 사각형의 세로 크기를 조절(235픽셀)하여 왼쪽에 있는 사각형과 맞춥니다.

05 위와 같은 방법으로 다음과 같이 ❶ 2개의 사각형을 추가로 복제해서 배치합니다. 크기는 각각 **가로: 279픽셀, 세로: 260픽셀**과 **가로: 279픽셀, 세로: 185픽셀**로 조정합니다. 마지막으로 레이어 패널에서 ❷ 각 사각형 모양 레이어의 이름을 더블 클릭하여 **영역1~영역5**로 변경합니다.

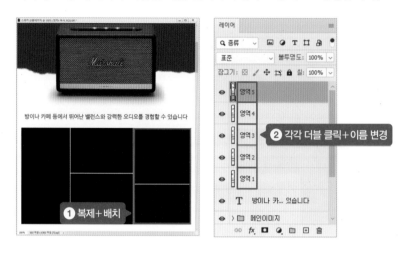

06 각 영역에 이미지 배치하기 ❶ **[파일]-[고급 개체로 열기]** 메뉴를 선택한 후 **컨셉이미지1.jpg** 파일을 찾아 선택한 후 불러옵니다. 도구 패널에서 ❷ **[이동 도구]** ⊕를 선택하고 콘셉트 사진을 '스피커 상품페이지' 작업 창으로 드래그해서 복제합니다.

07 레이어 패널에서 ❶ 복제해 온 '컨셉이미지1' 레이어를 드래그해서 가장 왼쪽 사각형에 해당하는 '영역1' 레이어 바로 위에 배치합니다. ❷ '컨셉이미지1' 레이어에서 마우스 오른쪽 버튼을 눌러 ❸ [클리핑 마스크 만들기]를 선택합니다 (Ctrl + Alt + G).

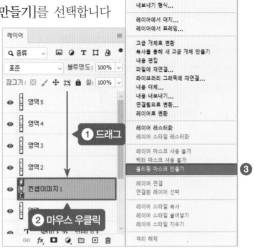

08 '컨셉이미지1' 레이어가 안쪽으로 들어가면서 클리핑 마스크가 적용됩니다. 작업 창을 보면 '영역1' 레이어에 해당하는 사각형에만 이미지가 표시됩니다.

09 ❶ Ctrl + T 를 눌러 자유 변형 모드로 전환한 후 ❷ 이미지의 크기 및 위치를 적당하게 조절하고 Enter 를 눌러 적용합니다.

> **TIP** 자유 변형 모드에서 조절점을 드래그하면 크기를 변경할 수 있고, 안쪽을 드래그하면 위치를 변경할 수 있습니다.

10 위 과정을 참고하여 '영역2' 레이어에는 **컨셉이미지2.jpg**, '영역3' 레이어에는 **컨셉이미지3.jpg**, '영역3' 레이어에는 **컨셉이미지3.jpg**, '영역4' 레이어에는 **컨셉이미지4.jpg**, '영역5' 레이어에는 **컨셉이미지5.jpg** 파일 이미지를 각각 클리핑 마스크 기능으로 배치합니다.

TIP 클리핑 마스크를 적용할 때 마우스 오른쪽 버튼을 클릭하여 메뉴를 선택하기보다는 단축키 Ctrl + Alt + G 를 이용하는 것이 효과적입니다.

11 레이어 패널에서 ❶ Shift 를 누른 채 '영역1' 레이어부터 '컨셉이미지5' 레이어까지 모두 선택한 후 Ctrl + G 를 눌러 그룹으로 묶습니다. ❷ 그룹 이름을 더블 클릭하여 **이미지모음**으로 변경합니다.

12 **사진 영역 모서리 둥글게 표현하기** 도구 패널에서 **❶** [모서리가 둥근 직사각형 도구]□를 선택하고 옵션 패널에서 **❷** 패스, 반경: 30픽셀로 설정합니다. 작업 창에서 **❸** 콘셉트 사진들을 감싸도록 드래그하여 **가로: 820픽셀, 세로: 448픽셀** 크기로 모서리가 둥근 직사각형 패스를 그립니다.

TIP 패스도 모양과 유사하게 **Ctrl** + **T** 를 눌러 자유 변형 모드로 전환한 후 크기 및 위치를 변경할 수 있습니다.

TIP 포토샵 2021부터는 [모서리가 둥근 직사각형 도구]가 없어졌습니다. 그러므로 [사각형 도구]를 선택한후 옵션 패널에서 [둥근 모퉁이 반경 설정] 값을 [반경] 옵션 값만큼 설정하면 됩니다.

13 **❶** 패스 내부에서 마우스 오른쪽 버튼을 클릭하여 **[선택 영역 만들기]**를 선택합니다. 선택 영역 만들기 창이 열리면 **❷** **페더 반경: 0픽셀, 앤티 앨리어스 체크, 선택 범위: 새 선택 영역**으로 설정하고 **❸** **[확인]**을 클릭합니다. 그러면 패스가 선택 영역으로 변경됩니다.

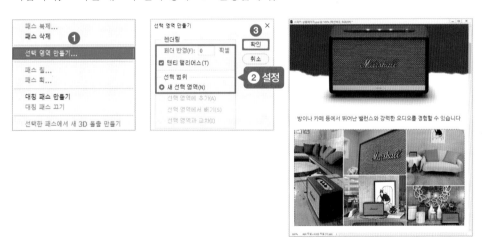

14 레이어 패널에서 [레이어 마스크 추가] █ 아이콘을 클릭합니다. '이미지모음' 그룹에 선택 영역으로 레이어 마스크가 추가되었습니다. 작업 창을 보면 콘셉트 사진 영역의 모서리가 둥글게 바뀌었습니다.

15 ❶ Shift 를 누른 채 콘셉트를 입력한 텍스트 레이어와 '이미지모음' 그룹을 선택한 후 Ctrl + G 를 눌러 그룹으로 묶습니다. ❷ 그룹 이름을 더블 클릭하여 '컨셉이미지모음'으로 변경합니다.

사진과 한 줄 텍스트로 표현하는
제품 특징 영역

01 패턴 배경 만들기 도구 패널에서 ❶ [사각형 도구] ▢ 를 선택합니다. 옵션 패널에서 ❷ 모양으로 설정하고 **칠** 옵션을 클릭합니다. 팝업 창이 열리면 **패턴(▦), 레거시 패턴 및 기타 – 기존 패턴 – 웹 패턴 – 바둑판1** 로 설정합니다.

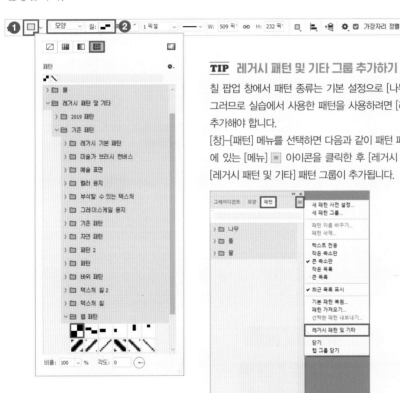

TIP 레거시 패턴 및 기타 그룹 추가하기

칠 팝업 창에서 패턴 종류는 기본 설정으로 [나무], [풀], [물] 세 가지만 있습니다. 그러므로 실습에서 사용한 패턴을 사용하려면 [레거시 패턴 및 기타] 패턴 그룹을 추가해야 합니다.

[창]–[패턴] 메뉴를 선택하면 다음과 같이 패턴 패널이 열립니다. 여기서 오른쪽 위에 있는 [메뉴] ▤ 아이콘을 클릭한 후 [레거시 패턴 및 기타]를 선택하면 곧바로 [레거시 패턴 및 기타] 패턴 그룹이 추가됩니다.

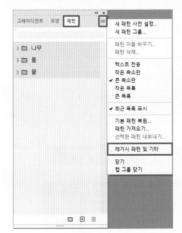

02 ❶ 콘셉트 사진 영역 아래쪽에서 드래그하여 **가로: 860픽셀, 세로: 2145 픽셀** 크기로 패턴이 깔린 직사각형 모양을 그립니다. 레이어 패널에서 ❷ 이름을 더블 클릭하여 **패턴배경**으로 변경합니다.

03 레이어 패널에서 ❶ [레이어 스타일] ***fx*** 아이콘을 클릭한 후 ❷ [색상 오버레이]를 선택합니다. '색상 오버레이' 레이어 스타일 창이 열리면 ❸ **혼합 모드: 표준, 색상: 회색(#333333), 불투명도: 95%**로 설정한 후 ❹ [확인]을 클릭해 적용합니다.

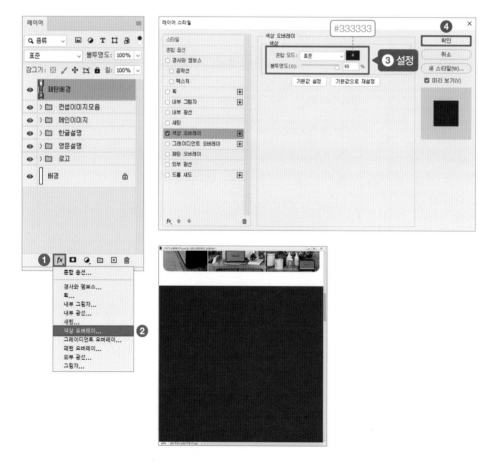

04 **특징 입력하기** 도구 패널에서 ❶ [수평 문자 도구] T를 선택하고, 옵션 패널에서 ❷ 글꼴: Noto Sans CJK KR, Regular, 크기: 48pt, 안티알리아싱(aa): 선명하게, 정렬: 가운데 정렬(흐), 색상: 흰색(#ffffff)으로 설정합니다. ❸ Shift를 누른 채 회색 체크 무늬 배경을 클릭합니다. ❹ 첫 번째 특징(더욱 크고 "생생한 사운드")을 입력하고 Ctrl + Enter를 눌러 입력을 마칩니다.

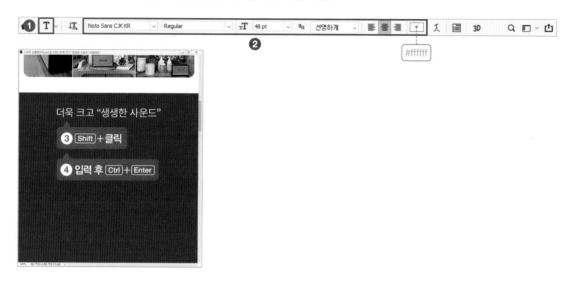

05 작업 창에서 ❶ 특징 제목 아래를 클릭해서 텍스트 레이어를 추가합니다. 그리고 '수평 문자 도구' 옵션 패널에서 ❷ 글꼴: 나눔고딕, 크기: 22pt, 색상: 회색(#cccccc)으로 설정합니다. 작업 창에서 ❸ 특징에 대해 구체적으로 입력한 후 Ctrl + Enter를 눌러 입력을 마칩니다.

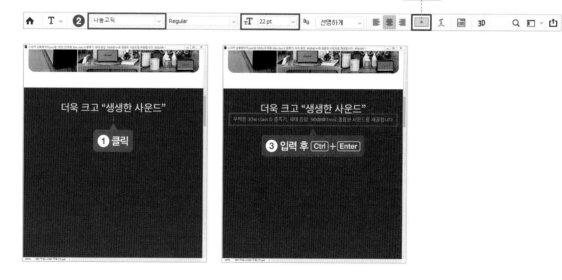

06 특징 표현 사진 영역 만들기 도구 패널에서 ❶ **[모서리가 둥근 직사각형 도구]** ▢를 선택하고 옵션 패널에서 ❷ **모양, 칠: 단색-검은색(#000000), 획: 색상 없음, 반경: 30픽셀**로 설정합니다. 작업 창에서 ❸ 드 래그하여 **가로: 780픽셀, 세로: 500픽셀** 크기로 모서리가 둥근 직사각형 모양을 그립니다. 레이어 패널에서 ❹ 추가된 모양 레이어 이름을 더블 클릭하여 **사진영역**으로 변경합니다.

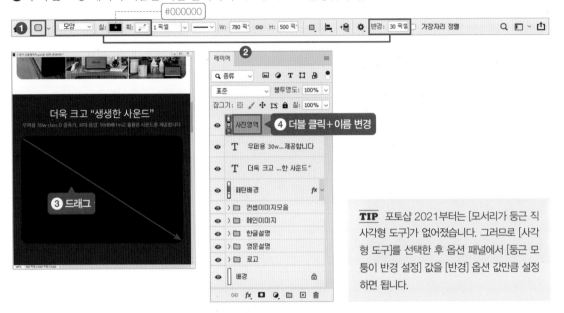

TIP 포토샵 2021부터는 [모서리가 둥근 직 사각형 도구]가 없어졌습니다. 그러므로 [사각 형 도구]를 선택한 후 옵션 패널에서 [둥근 모 퉁이 반경 설정] 값을 [반경] 옵션 값만큼 설정 하면 됩니다.

07 ❶ **[파일]-[고급 개체로 열기]** 메뉴를 선택한 후 **큰이미지1.jpg** 파일을 찾아 선택해서 불러옵니다. ❷ **[이동 도구]** ⊕를 선택하고 불러온 이미지를 '스피커 상품페이지' 작업 창으로 드래그해서 복제합니다.

08 레이어 패널에서 불러온 '큰이미지1' 레이어가 '사진영역' 레이어 위에 배치된 것을 확인한 후 Ctrl
+ Alt + G 를 눌러서 클리핑 마스크를 적용합니다. 모서리가 둥근 직사각형 안쪽에서만 사진 이미지가 표시됩니다.

TIP '큰이미지1' 레이어를 선택하고 Ctrl
+ T 를 눌러 자유 변형 모드로 전환하면 영역에 표시될 사진의 위치나 크기를 변경할 수 있습니다.

09 ❶ Ctrl 을 누른 채 2개의 텍스트 레이어와 '사진영역', '큰이미지1' 레이어를 선택한 후 Ctrl + G 를 눌러서 그룹으로 묶습니다. ❷ 그룹 이름을 더블 클릭하여 **큰이미지1** 로 변경합니다.

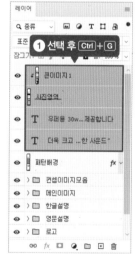

10 그룹 복제해서 배치하기 도구 패널에서 ❶ [이동 도구] ⊕를 선택하고 옵션 패널에서 ❷ **자동 선택** 옵션의 체크를 해제합니다. 작업 창에서 ❸ [Alt]를 누른 채 첫 번째 특징에 해당하는 이미지를 아래쪽으로 드래그하여 복제합니다. 레이어 패널에 ❹ 복제된 그룹의 이름을 더블 클릭하여 **큰이미지2**로 수정합니다.

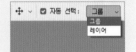

TIP [이동 도구]의 자동 선택 옵션

[이동 도구]를 선택한 후 옵션 패널에서 **자동 선택** 옵션에 체크하고 [그룹] 또는 [레이어]를 선택하면 작업 창에서 마우스로 클릭한 그룹 또는 레이어가 자동으로 선택됩니다. 즉, 작업 창에서 특정 이미지를 클릭하면 레이어 패널에서 해당 이미지가 포함된 그룹 또는 해당 이미지가 선택됩니다.

위 실습에서는 **자동 선택** 옵션의 체크를 해제했습니다. 그러므로 작업 창에서 어느 위치를 클릭하더라도 [Alt]를 누른 채 드래그하면, 레이어 패널에서 선택 중인 '큰이미지1' 레이어를 복제할 수 있습니다.

만약 **자동 선택** 체크: 레이어로 설정했다면 클릭한 위치의 레이어가 복제되고, **자동 선택** 체크: 그룹으로 설정했다면 클릭한 위치의 레이어가 포함된 그룹이 통째로 복제됩니다.

---

11 도구 패널에서 [수평 문자 도구] T를 선택한 후 작업 창에서 '큰이미지2' 그룹에 해당하는 특징 텍스트를 클릭합니다. 클릭한 텍스트가 편집 상태로 바뀌면 두 번째 특징(마샬 "디자인의 아이콘")으로 내용을 변경하고 [Ctrl]+[Enter]를 눌러 수정을 완료합니다.

TIP 레이어 패널에서 복제된 그룹을 펼치고 변경할 텍스트 레이어의 섬네일 T 아이콘을 더블 클릭해도 텍스트를 편집할 수 있습니다.

12 계속해서 세부 특징 텍스트를 클릭한 후 편집 모드가 되면 두 번째 특징에 대한 설명으로 변경하고 Ctrl + Enter 를 눌러 수정을 완료합니다.

13 **클리핑 마스크 사진 교체하기** 레이어 패널에서 '큰이미지2' 그룹에 있는 '큰이미지1' 레이어를 선택하고 Delete 를 눌러 삭제합니다.

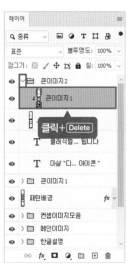

14 ❶ [파일]-[고급 개체로 열기] 메뉴를 선택하여 **큰이미지2.jpg** 파일을 불러옵니다. 도구 패널에서 ❷ [이동 도구] ⊕ 를 선택하고 불러온 이미지를 '스피커 상품페이지' 작업 창으로 드래그해서 복제합니다.

15 레이어 패널을 보면 '큰이미지2' 그룹에서 '사진영역' 레이어 위에 복제해 온 '큰이미지2' 레이어가 배치되어 있습니다. 그대로 ❶ Ctrl + Alt + G 를 눌러서 클리핑 마스크를 적용합니다. 작업 창에서 ❷ Ctrl + T 를 눌러 ❸ 이미지의 크기와 위치를 조절한 후 Enter 를 눌러 적용합니다.

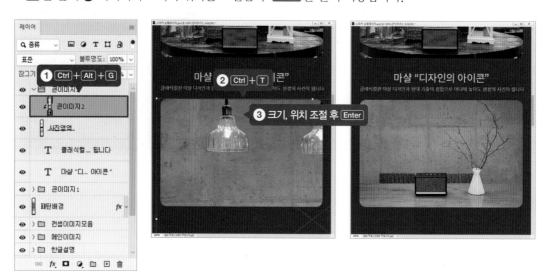

16 두 번째 특징까지 완성했습니다. ❶ 레이어 패널에서 '큰이미지2' 그룹을 접고 ❷ 같은 과정(그룹 복제 → 텍스트 및 이미지 수정)을 반복해서 세 번째 특징 영역('큰이미지3' 그룹)을 완성합니다. 실습에서 세 번째 특징의 이미지는 **큰이미지3.jpg** 파일을 활용했습니다.

17 마지막으로 ❶ Ctrl 을 누른 채 '패턴배경' 레이어와 '큰이미지1'~'큰이미지3' 그룹을 모두 선택하고 Ctrl + G 를 눌러서 그룹으로 묶습니다. ❷ 그룹 이름을 더블 클릭하여 **큰이미지 모음**으로 변경합니다.

SECTION 06

주요 기능을 강조하는
제품 설명 영역

01 **회색 배경 만들기** 도구 패널에서 ❶ [사각형 도구] □를 선택한 후 옵션 패널에서 ❷ **모양, 칠: 단색–회색 음영–20% 회색(#dcdcdc), 획: 색상 없음**으로 설정합니다.

02 작업 창에서 ❶ 드래그하여 **가로: 860픽셀, 세로: 1355픽셀** 크기로 직사각형 모양을 그립니다. 레이어 패널에서 ❷ 직사각형 모양 레이어의 이름을 더블 클릭하여 **회색배경**으로 변경합니다.

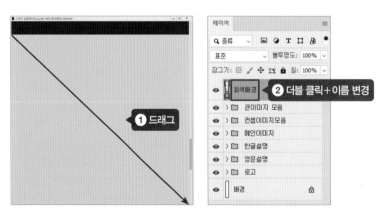

03 도구 패널에서 ❶ [펜 도구] ⬚를 선택한 후 옵션 패널에서 ❷ **모양, 칠: 색상 없음, 획: 단색−회색 음영−검은색(#000000), 2픽셀, 실선**으로 설정합니다. 작업 창에서 ❸ 회색 배경 맨 위 중앙을 클릭한 후 ❹ Shift 를 누른 채 아래쪽을 클릭하여 직선을 그리고 Enter 를 눌러 완료합니다. 다시 ❺ 세로 선의 왼쪽 아래를 클릭한 후 ❻ Shift 를 누른 채 오른쪽을 클릭하여 직선을 그리고 Enter 를 눌러 완료합니다.

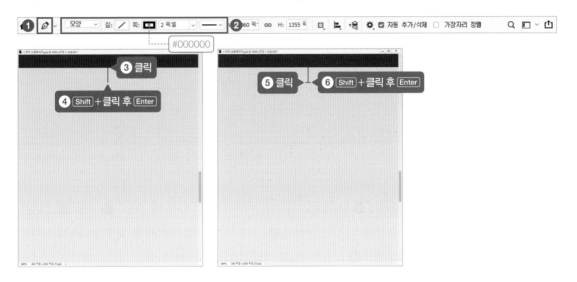

04 도구 패널에서 ❶ [수평 문자 도구] ⊤를 선택한 후 옵션 패널에서 ❷ **글꼴: Noto Sans CJK KR, Regular, 크기: 52pt, 안티알리아싱(**⬚**): 선명하게, 정렬: 가운데 정렬(**⬚**), 색상: 검은색(#000000)**으로 설정합니다. ❸ 회색 배경의 상단 부분을 클릭하여 **제품설명**을 입력하고 Ctrl + Enter 를 눌러 입력을 마칩니다.

05 레이어 패널에서 ❶ `Ctrl` 을 누른 채 '모양1', 모양2' 레이어와 텍스트 레이어를 선택한 후 `Ctrl` + `G` 를 눌러서 그룹으로 묶습니다. ❷ 그룹 제목을 더블 클릭하여 **제목**으로 변경합니다.

06 이미지 배치하기 도구 패널에서 ❶ [사각형 도구] ▢ 를 선택한 후 옵션 패널에서 ❷ **모양, 칠: 검은색 (#000000), 획: 색상 없음**으로 설정합니다. 작업 창에서 ❸ 드래그하여 **가로: 340픽셀, 세로: 340픽셀** 크기로 정사각형을 그립니다. 레이어 패널에서 ❹ 레이어 이름을 **사진영역**으로 변경합니다.

07 레이어 패널에서 ❶ [레이어 스타일] ![fx] 아이콘을 클릭한 후 ❷ [그림자]를 선택합니다. '드롭 섀도' 레이어 스타일 창에서 ❸ **혼합 모드: 곱하기, 색상: 검은색(#000000), 불투명도: 30%, 각도: 130˚, 거리: 10px, 스프레드: 0%, 크기: 0px**로 설정한 후 ❹ **[확인]**을 클릭합니다. 정사각형에 그림자가 적용됩니다.

08 ❶ **[파일]** - **[고급 개체로 열기]** 메뉴를 선택한 후 **설명1.jpg** 파일을 불러옵니다. 도구 패널에서 ❷ **[이동 도구]** ![+]를 선택하고 이미지를 '스피커 상품페이지' 작업 창으로 드래그해서 복제합니다.

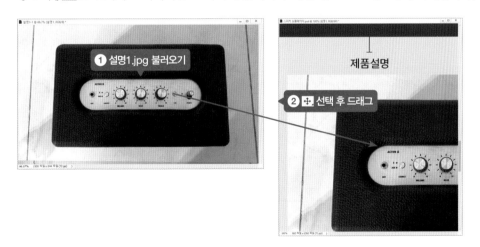

09 레이어 패널에서 '사진영역' 레이어 위에 '설명1' 레이어가 배치된 것을 확인한 후 ❶ Ctrl + Alt + G 를 눌러서 클리핑 마스크를 적용합니다. 작업 창에서 ❷ Ctrl + T 를 눌러 ❸ 이미지의 크기와 위치를 조절하고 Enter 를 눌러 적용합니다.

10 기능 텍스트 입력하기 도구 패널에서 ❶ [수평 문자 도구] T를 선택한 후 옵션 패널에서 ❷ 글꼴: Noto Sans CJK KR, Regular, 크기: 26pt, 색상: 검은색(#000000)으로 설정합니다. 작업 창에서 ❸ 이미지 아래쪽을 클릭하여 첫 번째 기능(나만의 소리 만들기)을 입력하고 Ctrl + Enter 를 눌러 입력을 마칩니다.

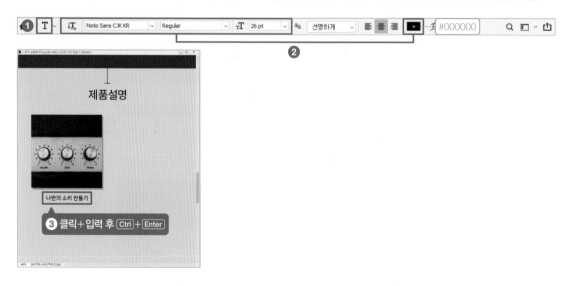

11 다음과 같이 ❶ 기능 제목 텍스트 아래쪽에서 드래그하여 텍스트 입력 영역을 만듭니다. '수평 문자 도구' 옵션 패널에서 ❷ **글꼴: 나눔고딕, Regular, 크기: 18pt**로 변경합니다. ❸ 기능에 대한 설명을 입력하고 Ctrl + Enter 를 눌러 입력을 마칩니다.

12 레이어 패널에서 ❶ Ctrl 을 누른 채 '사진영역' 레이어부터 기능 설명 텍스트 레이어까지 총 4개의 레이어를 선택한 후 Ctrl + G 를 눌러서 그룹으로 묶습니다. ❷ 그룹 이름을 더블 클릭하여 **제품설명1**로 변경하면 첫 번째 제품 설명 영역이 완성됩니다.

13 **제품 설명 복제 배치하기** 도구 패널에서 **①** [이동 도구] ⊕를 선택합니다. 작업 창에서 Alt 를 누른 채 오른쪽으로 드래그하여 '제품설명1' 그룹을 복제합니다. **②** 복제된 그룹 이름을 더블 클릭하여 **제품설명2**로 변경합니다. **③** '제품설명2' 그룹을 펼쳐서 **④** '설명1' 레이어를 선택한 후 Delete 를 눌러 삭제합니다.

> **TIP** 위와 같이 그룹의 모든 내용이 복제되지 않으면 이동 도구 옵션 패널에서 **자동 선택** 옵션에 체크가 해제되어 있는지 확인합니다. 이와 관련된 내용은 69쪽을 참고하세요.

14 **①** [파일] – [고급 개체로 열기] 메뉴를 선택한 후 **설명2.jpg** 파일을 찾아 불러옵니다. 도구 패널에서 **②** [이동 도구] ⊕를 선택하고 이미지를 '스피커 상품페이지' 작업 창으로 드래그해서 복제합니다.

15 레이어 패널에서 ❶ '사진영역' 레이어 위에 '설명2' 레이어가 배치된 것을 확인한 후 `Ctrl`+`Alt`+`G`를 눌러서 클리핑 마스크를 적용합니다. ❷ `Ctrl`+`T`를 눌러 ❸ 이미지의 크기와 위치를 조절한 후 `Enter`를 눌러 적용합니다.

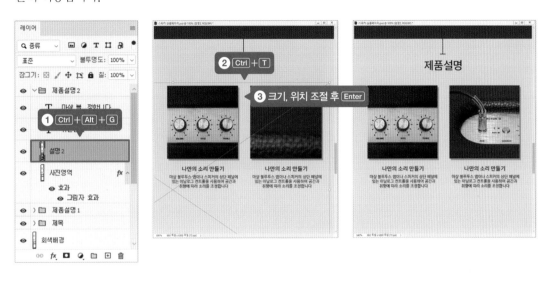

16 레이어 패널에서 ❶ '제품설명2' 그룹에 있는 2개의 텍스트 레이어 섬네일 `T`을 각각 더블 클릭하여 ❷ 내용을 변경한 뒤 `Ctrl`+`Enter`를 눌러 입력을 마칩니다. ❸ '제품설명2' 그룹을 접어 두 번째 제품 설명 영역까지 완성합니다.

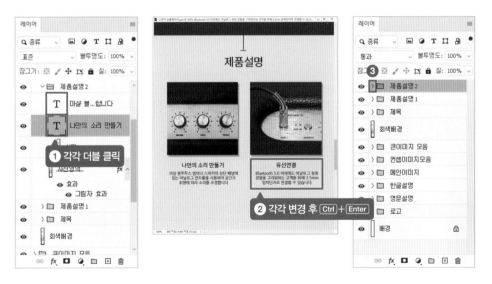

17 같은 과정을 반복(그룹 복제 → 이미지 변경 → 텍스트 변경)하여 '제품설명3'과 '제품설명4' 그룹까지 완성합니다. '제품설명3' 그룹에는 **설명3.jpg**를, '제품설명4' 그룹에는 **설명4.jpg**를 사용했습니다.

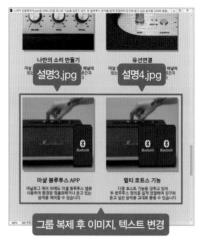

TIP **'제품설명3' 그룹 이미지 필터 적용 및 이미지 추가 배치**

직접 실습을 진행하고 있다면 **설명3.jpg** 이미지 파일과 위 실습 결과가 다른 것을 알 수 있습니다. 실습에서는 블루투스 기능을 강조하기 위해 제품 사진에 흐림 효과를 적용한 후 블루투스 관련 이미지를 추가로 배치했습니다. 클리핑 마스크를 적용하는 것까지 동일하게 진행했다면 '설명3' 레이어를 선택하고 [필터]-[흐림 효과]-[가우시안 흐림 효과] 메뉴를 선택합니다. 다음과 같이 가우시안 흐림 효과 창이 열리면 **반경: 2.0픽셀**로 설정하고 [확인]을 클릭하면 됩니다.

이어서 실습에서는 이미지를 추가로 배치하기 위해 [파일]-[고급 개체로 열기] 메뉴를 선택해서 **블루투스.png** 파일을 불러온 후 복제해서 배치했습니다. 추가한 이미지는 클리핑 마스크를 적용하지 않고 Ctrl + T 를 눌러 크기와 위치만 변경했습니다.

18 ❶ Ctrl 을 누른 채 '회색배경' 레이어와 제목 그룹, 4개의 제품 설명 그룹을 모두 선택한 후 Ctrl +G 를 눌러서 그룹으로 묶습니다. ❷ 그룹 이름을 더블 클릭하여 **제품설명 모음**으로 변경합니다.

배경을 흑백으로 처리한
세부 명칭 영역

01 **이미지 편집하기** ❶ [파일]-[고급 개체로 열기] 메뉴를 선택한 후 **세부설명.jpg** 파일을 찾아 불러옵니다. 도구 패널에서 ❷ [이동 도구] ⊕를 선택하고 불러 온 이미지를 '스피커 상품페이지' 작업 창으로 드래그해서 복제합니다.

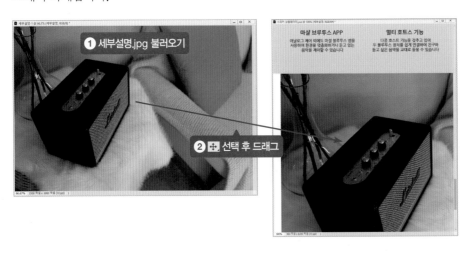

02 '스피커 상품페이지' 작업 창에서 ❶ Ctrl + T 를 눌러 복제해 온 이미지를 자유 변형 모드로 전환합니다. 이어서 ❷ 다음과 같이 이미지의 크기와 위치를 조절한 후 Enter 를 눌러 적용합니다. 레이어 패널에서 ❸ 이름을 더블 클릭하여 **세부설명**으로 변경합니다.

03 도구 패널에서 ❶ [지우개 도구] 🖋를 선택한 후 옵션 패널에서 ❷ 브러시 종류 옵션을 클릭해서 팝업 창을 엽니다. 팝업 창에서 ❸ 크기: 36픽셀, 종류: 레거시 브러시−기본 브러시−넓게 퍼진 목탄으로 설정합니다. 다시 지우개 도구 옵션 패널에서 ❹ 모드: 브러시, 불투명도: 100%, 흐름: 100%로 설정합니다.

TIP 브러시 종류에 [레거시 브러시]가 없다면 93쪽을 참고하여 추가한 후 선택하세요.

04 작업 창에서 이미지 아래쪽을 드래그하여 자연스럽게 지웁니다. 메인 이미지 영역과 같은 콘셉트로 종이가 찢어진 듯한 엔틱한 느낌을 연출할 수 있습니다.

05 도구 패널에서 ❶ [스폰지 도구] 🧽를 선택한 후 옵션 패널에서 ❷ **브러시 종류** 옵션을 클릭하고 ❸ **크기: 200픽셀, 종류: 일반 브러시–부드러운 원**으로 설정합니다. 다시 옵션 패널에서 ❹ **모드: 채도 감소, 흐름: 100%**로 설정한 후 ❺ 이미지에서 스피커를 제외한 나머지 부분을 여러 차례 드래그하여 흑백으로 표현합니다.

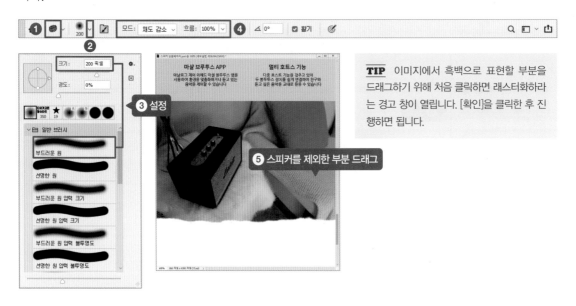

> **TIP** 이미지에서 흑백으로 표현할 부분을 드래그하기 위해 처음 클릭하면 래스터화하라는 경고 창이 열립니다. [확인]을 클릭한 후 진행하면 됩니다.

06 명칭 표시 지시선 만들기 레이어 패널에서 ❶ [새 레이어] 🔲 아이콘을 클릭하여 레이어를 추가하고 ❷ 이름을 더블 클릭하여 **원1**로 변경합니다.

07 도구 패널에서 [전경색]■을 클릭하여 색상 피커 창이 열리면 ❶ 색상: 흰색(#ffffff)으로 설정하고 ❷ [확인]을 클릭합니다. 도구 패널에서 ❸ [브러시 도구]✏를 선택한 후 ❹ 옵션 패널에서 브러시 종류 옵션을 클릭합니다. 팝업 창에서 ❺ 크기: 8픽셀, 종류: 일반 브러시-선명한 원으로 설정합니다.

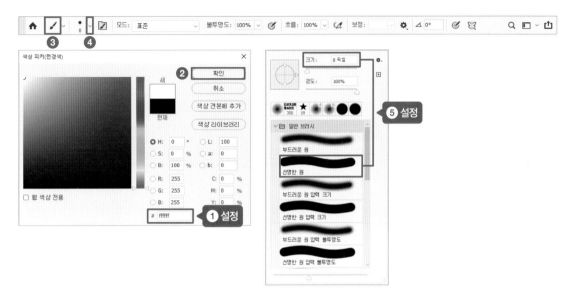

08 작업 창에서 ❶ 명칭 표시가 필요한 곳 중 한 곳을 클릭해서 흰색 점을 찍습니다. 도구 패널에서 ❷ [이동 도구]✛를 선택한 후 작업 창에서 ❸ Alt 를 누른 채 명칭 표시가 필요한 다른 곳으로 드래그하여 복제합니다. 같은 방법으로 명칭 표시가 필요한 모든 곳에 흰색 점을 복제합니다. 레이어 패널을 확인해보면 흰색 점 개수만큼 '원1' 레이어의 복사 레이어가 추가되어 있습니다.

09 도구 패널에서 **①** [펜 도구] ✐.를 선택한 후 옵션 패널에서 **②** **모양, 칠: 색상 없음, 획: 흰색(#ffffff), 2픽셀, 실선**으로 설정합니다. 작업 창에서 **③** 흰색 점 중 하나를 클릭한 후 **④** Shift 를 누른 채 오른쪽을 클릭하여 실선을 그리고 Enter 를 눌러 완료합니다.

10 같은 방법(점 클릭 → Shift + 클릭 → Enter)으로 나머지 흰색 점에도 지시선으로 사용할 실선을 그립니다.

> **TIP** 실선을 하나 그린 후에는 반드시 Enter 를 눌러 완료해야 합니다. 그렇게 하지 않으면 클릭한 지점과 지점이 계속 직선으로 연결됩니다.

11 레이어 패널을 보면 흰색 점과 실선 관련 레이어가 각각 개수만큼 추가되어 있습니다. 계속해서 지시선의 한쪽 끝을 표현하는 점을 찍기 위해 ❶ [새 레이어] ⊞ 아이콘을 클릭하여 레이어를 추가합니다. ❷ 이름을 더블 클릭하여 **원2**로 변경합니다.

> **TIP** 앞서 제품 설명 영역에서 '모양1', '모양2' 레이어가 생성되었습니다. 그러므로 레이어 패널에 '모양9' 레이어가 표시되면 정상적으로 7개의 실선을 추가한 셈입니다.

12 도구 패널에서 전경색이 **흰색(#ffffff)**인지 확인하고, [브러시 도구] ✏를 선택한 후 옵션 패널에서 **선명한 원, 8픽셀**을 확인합니다. 작업 창에서 실선의 한쪽 끝을 클릭해서 지시선을 완성합니다.

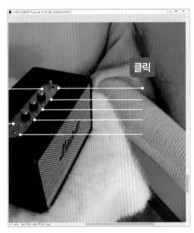

> **TIP** 지금까지 실습을 이어왔다면 전경색이나 브러시 도구의 옵션 패널 옵션이 바뀌지 않았을 것입니다. 그러므로 [브러시 도구]만 선택한 후 바로 실선 한쪽 끝을 클릭하면 됩니다.

13 도구 패널에서 ❶ [이동 도구] ⊕를 선택한 후 작업 창에서 ❷ Alt 를 누른 채 각 실선의 한쪽 끝으로 드래그해서 복제합니다. 모든 실선에 점을 추가하여 지시선을 완성합니다.

14 명칭 입력하기 도구 패널에서 ❶ [수평 문자 도구] **T.** 를 선택한 후 옵션 패널에서 ❷ 글꼴: 나눔고딕, Regular, 크기: 14pt, 정렬: 왼쪽 정렬(▤), 색상: 흰색(#ffffff)으로 설정합니다. 우선 ❸ 첫 번째 지시선 오른쪽을 클릭한 후 명칭을 입력하고 ❹ **Ctrl** + **Enter** 를 눌러 입력을 마칩니다.

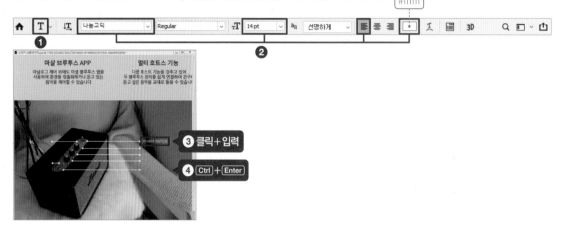

15 같은 과정을 반복(클릭 → 명칭 입력 → **Ctrl** + **Enter**)하여 나머지 지시선에도 명칭을 입력합니다.

16 레이어 패널에서 ❶ **Ctrl** 을 누른 채 명칭 영역에 사용한 모든 레이어('세부설명' 레이어와 지시선 관련 레이어)를 선택한 후 **Ctrl** + **G** 를 눌러서 그룹으로 묶습니다. ❷ 그룹 제목을 더블 클릭하여 **세부설명 모음**으로 변경합니다.

> **TIP** 선택할 레이어가 너무 많아 불편합니다. 이럴 때는 레이어 패널에서 빈 공간을 클릭해서 레이어 선택을 해제한 후 선택할 레이어 중 가장 아래에 있는 레이어를 선택합니다. 이어서 **Shift** 를 누른 채 가장 위에 있는 레이어를 선택합니다. 그럼 두 레이어와 중간에 포함된 모든 레이어가 선택됩니다.

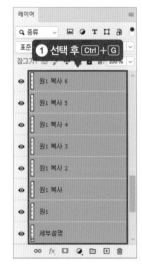

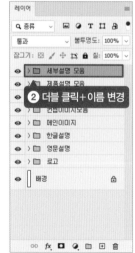

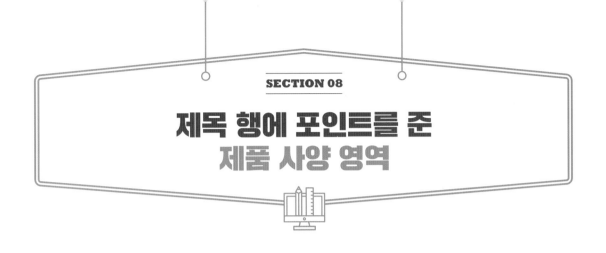

제목 행에 포인트를 준
제품 사양 영역

01 도구 패널에서 ❶ [수평 문자 도구] T.를 선택한 후 옵션 패널에서 ❷ 글꼴: Noto Sans CJK KR, Regular, 크기: 52pt, 안티알리아싱(ᵃₐ): 선명하게, 정렬: 가운데 정렬(≡), 색상: 검은색(#000000)으로 설정합니다. ❸ 세부 명칭 영역 아래쪽 중간을 클릭하여 영역의 제목(제품사양)을 입력하고 ❹ Ctrl + Enter 를 눌러 입력을 마칩니다.

02 포인트 제목 행 만들기 도구 패널에서 ❶ [사각형 도구] □.를 선택한 후 옵션 패널에서 ❷ 모양, 칠: 검은색(#000000), 획: 색상 없음으로 설정합니다. 작업 창에서 ❸ 영역 제목 왼쪽 아래에 다음과 같이 드래그하여 **가로: 410픽셀, 세로: 50픽셀** 크기로 직사각형 모양을 그립니다.

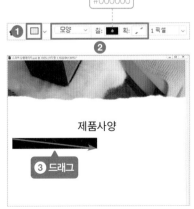

03 ❶ [편집]-[변형]-[왜곡] 메뉴를 선택합니다. 앞서 그린 직사각형이 왜곡 모드로 전환되면 ❷ Shift 를 누른 채 오른쪽 위 모서리에 있는 조절점을 왼쪽으로 살짝 드래그하여 사다리꼴 모양으로 만들고 ❸ Enter 를 눌러 적용합니다.

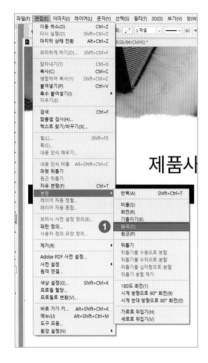

04 도구 패널에서 ❶ [이동 도구] ⊕를 선택합니다. 작업 창에서 ❷ Shift + Alt 를 누른 채 오른쪽으로 드래그하여 사다리꼴 모양을 복제해 배치합니다. 도구 패널에서 ❸ [사각형 도구] ▭를 선택한 후 옵션 패널에서 ❹ 칠: 회색 음영-65% 회색(#7d7d7d)으로 변경합니다.

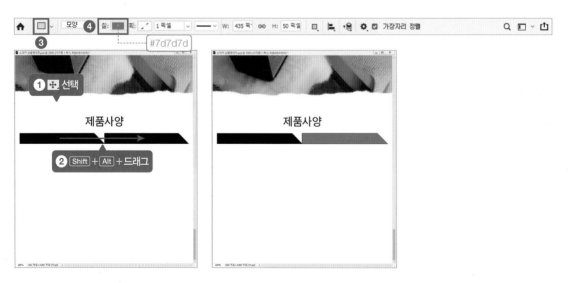

05 [편집]-[패스 변형]-[가로로 뒤집기] 메뉴를 선택하여 복제한 회색 사각형을 가로로 뒤집어 제목 행 영역을 완성합니다.

06 도구 패널에서 **❶** [수평 문자 도구] T를 선택한 후 옵션 패널에서 **❷** 글꼴: 나눔고딕, 크기: 20pt, 정렬: 가운데 정렬(≣), 색상: 흰색(#ffffff)으로 설정합니다. 작업 창에서 **❸** Shift 를 누른 채 각 사각형 위를 클릭하여 제목 텍스트를 입력하고 **❹** Ctrl + Enter 를 눌러 입력을 마칩니다.

07 사양 입력하기 도구 패널에서 ❶ **[사각형 도구]** □를 선택한 후 옵션 패널에서 ❷ **모양, 칠: 회색 15%(#e5e5e5), 획: 색상 없음**으로 설정합니다. 작업 창에서 ❸ 제목 행 아래쪽을 드래그하여 **가로: 820픽셀, 세로: 410픽셀** 크기로 직사각형 모양을 그리고 Enter 를 눌러 완료합니다. 레이어 패널에서 ❹ 모양 레이어의 이름을 더블 클릭하여 **회색배경**으로 변경합니다.

08 도구 패널에서 ❶ **[수평 문자 도구]** T를 클릭한 후 옵션 패널에서 ❷ **글꼴: 나눔고딕, 크기: 16pt, 정렬: 왼쪽 정렬(▤), 색상: 검은색(#000000)**으로 설정합니다. ❸ 회색 배경 위를 클릭한 후 제품 사양 관련 텍스트를 입력하고 ❹ Ctrl + Enter 를 눌러 입력을 마칩니다.

TIP 회색 배경을 그린 후 Enter 를 누르지 않았다면 회색 배경의 패스가 선택된 상태일 겁니다. 이 상태에서 [수평 문자 도구]를 선택한 후 클릭하면 회색 배경이 텍스트 입력 영역으로 제한되어 텍스트를 자유롭게 배치할 수 없습니다. 만약 회색 배경이 패스 상태로 선택된 경우라면 Shift 를 누른 채 회색 배경을 클릭합니다. 그러면 텍스트를 원하는 위치에 자유롭게 입력할 수 있습니다.

09 도구 패널에서 ❶ [이동 도구] ⊕를 선택하고, 작업 창에서 ❷ Shift + Alt 를 누른 채 오른쪽으로 5번 드래그하여 텍스트 레이어 5개를 추가로 복제합니다. 레이어 패널에서 ❸ 복제한 각 텍스트 레이어의 섬네일 T 을 더블 클릭해서 다음과 같이 내용을 수정하고 Ctrl + Enter 를 눌러 완성합니다.

TIP 사양 분류와 사양 내용 중간에 있는 구분 기호는 한글 모음 'ㅣ'입니다.

10 레이어 패널에서 ❶ 제품 사양 영역에 사용한 모든 레이어를 선택한 후 Ctrl + G 를 눌러서 그룹으로 묶습니다. ❷ 그룹 이름을 더블 클릭하여 **제품사양 안내**로 변경합니다.

결과 **확인하기**

총 8개 영역, 9개 그룹으로 작업한 전자 제품(스피커) 상세 페이지가 완성되었습니다. 완성 결과는 아래 QR 코드를 찍어 웹에서 확인할 수 있으며, 스피커 상품페이지.psd 파일을 실행하면 레이어가 살아 있는 포토샵 결과물을 확인할 수 있습니다.

실전 02 │ 청결하고 정성스런 먹거리

✏️ 맛있는 김치를 고이 담은 상세 페이지

상품 콘셉트

엄마의 정성으로 고이 담은 김치라는 의미를 내세워 브랜딩한 '고이담 김치'는 정성을 다한 음식과 청결함으로 고급스러운 먹거리를 생산하고 있습니다. 좋은 재료를 사용한다는 이미지를 전달하기 위해서 질 높은 사진을 준비하되, 완성된 상품 사진 촬영 시 아이보리색 그릇을 활용해서 따뜻한 느낌과 함께 정갈한 음식을 강조했습니다. 재료 사진들은 원재료의 색감을 그대로 살려 신선함을 표현하고, 공장 전경은 청결함을 보여줄 수 있도록 촬영했습니다.

디자인 콘셉트

'고급', '청결', '정성' 키워드를 핵심 콘셉트로 하는 고이담 김치의 상세 페이지를 구성할 때 '어떻게 하면 고급스럽고, 먹음직스러운 이미지를 어필할 수 있을까?'에 대한 고민부터 시작했습니다. 직선과 꾸밈이 없는 사각형을 주로 사용하여 깨끗하고 정직하게 상품을 생산하고 있음을 강조하고, 인증 마크를 잘 보이는 위치에 배치하여 나와 가족이 먹는 상품에 대한 객관적인 신뢰를 높였습니다. 그 아래쪽으로 '고이담 김치'의 탄생 스토리를 넣어 다시 한 번 믿을 수 있는 제품임을 강조하면서 마무리합니다.

색상 & 글꼴 가이드

고급스러우면서도 먹음직스러운 느낌을 살리고 상품 자체(김치)를 대표할 수 있는 컬러인 빨간색을 메인 컬러로 선택했습니다.

#cc0000   #000000   #ffffff

- 빨간색: 식욕을 돋구는 동시에 따뜻한 느낌을 표현할 수 있어서 먹거리 상세 페이지에서 선호하는 컬러입니다.
- 검은색: 고급스러움을 더하기 위해서 사용했습니다. 하지만 검은색에는 마음을 차분하게 가라앉히는 부작용도 있습니다. 그래서 텍스트와 메인 이미지를 강조할 수 있는 주변 요소로 활용했습니다.
- 흰색: 청결함을 표현하기 위해 전체 디자인에서 컬러 사용을 최소화하였고 배경 이미지를 흰색으로 처리했습니다.

전체적인 디자인 콘셉트가 장식이 없는 깔끔함이므로, 명조 계열의 글꼴을 타이틀에 사용해서 부드러운 느낌을 추가했습니다.

마케팅 포인트

- 먹거리 상세 페이지에서 마케팅 포인트는 신뢰감입니다. 인증 마크는 객관적인 지표이므로 적극 활용하여 신뢰감을 높입니다. 이때 발행 업체에서 원본 이미지를 받아 크고 잘 보이는 위치에 배치하는 것이 좋습니다.
- 제조 과정: 청결하게 제조하는 과정을 사진이나 동영상으로 표현하여 안심하고 먹을 수 있는 먹거리임을 표현합니다. 사진을 사용할 때는 최대한 밝게 연출하고, 장식적인 테두리나 요소를 추가하기보다는 사진 자체만 사각형으로 깔끔하게 표현하여 제조 과정을 확인할 수 있게 합니다.

유의 사항

심플함은 단조로움이 아닙니다. 심플한 디자인에서 단조로움을 극복하려면 포인트 컬러를 눈에 띄는 강한 컬러로 사용하여 시선을 잡아줘야 합니다. 또한 사각형 사진 영역을 배치할 때 좌우 배치를 바꾸거나, 선을 표현할 때 숫자나 장식 요소를 함께 활용해서 깔끔하면서도 단조롭지 않게 디자인하는 것이 포인트입니다.

세부 디자인 설계하기

메인 이미지

메인 이미지에 사용할 상품(그릇에 담은 김치)을 아이보리색 배경으로 촬영하여 고급스러운 느낌은 있으나 임팩트가 부족합니다. 따라서 배경으로 활용할 나무 무늬 배경을 준비한 후 상품만 따로 분리하여 중앙에 깔끔하게 배치해서 시선을 중앙으로 모아줍니다. 상단에는 잔잔한 검은색 그레이디언트를 배치하여 고급스러움을 추가하면서 동시에 텍스트 입력 영역을 만들었습니다.

재료

신선한 국산 재료를 활용한다는 점을 강조하기 위해 자연 그대로의 생생한 재료 이미지를 준비합니다. 또한 각 재료를 설명하는 배경으로 빨간색 사각형을 사용하여 주목성을 높입니다. 사각형 배경은 단색으로 깔끔하게 표현하여 번호와 제품 설명 텍스트 자체에 집중하도록 합니다. 세 가지 재료를 지그재그로 배치해서 단조롭지 않도록 구성했습니다.

인증과 제조 과정

무엇보다 안전하게 먹을 수 있는 식품임을 강조하기 위해 객관적인 지표인 인증 마크를 크게 배치하고, 청결한 제조 과정을 함께 표현합니다. 인증 마크는 크고 선명하게 배치해서 상품을 구매하려는 고객들이 빠르게 확인할 수 있게 하는 것이 좋습니다. 제조 과정 사진은 사각형 영역에 정형적으로 배치하여 깔끔하게 표현하되, 전반적인 제조 과정을 한눈에 확인할 수 있게 합니다.

브랜드 스토리

브랜드 스토리는 기업에 대한 신뢰감을 더욱 높일 수 있는 요소입니다. 누구나 알고 있는 유명 브랜드가 아니라면, 언제부터 어떤 목표를 가지고 사업을 시작했는지, 지금까지 어떻게 성장하고 있는지 등을 노출해주는 것이 좋습니다.

맛있게 먹는 법

전자 제품이라면 간단한 사용 방법을, 음식이라면 맛있게 먹는 방법과 보관 방법 등을 포함하면 좋습니다. 여기서는 제품과 재료 사진만 활용하여 보관 방법과 숙성 시간을 깔끔하게 표현했습니다. 특히, 숙성 정도를 빨간색의 채도 변화로 표현하여 깔끔하면서도 정확한 정보 전달을 목표로 디자인하였습니다.

TIP 본 상세 페이지는 태성김치(http://www.tskimchi.com/)의 실제 브랜드인 '고이담'에서 제공해준 이미지를 활용하여 임의의 콘셉트로 다시 디자인한 것입니다.

제품 사진이 돋보이는
메인 이미지 영역

01 새 파일 만들기 ❶ [파일]−[새로 만들기] 메뉴(**Ctrl**+**N**)를 눌러 새로 만들기 문서 창이 열리면 **❷ 제목: 배추김치 상품페이지, 폭: 860픽셀, 높이: 5300픽셀, 해상도: 72픽셀/인치, 색상 모드: RGB 색상, 8bit, 배경 내용: 흰색**으로 설정하고 **❸** [만들기]를 클릭합니다.

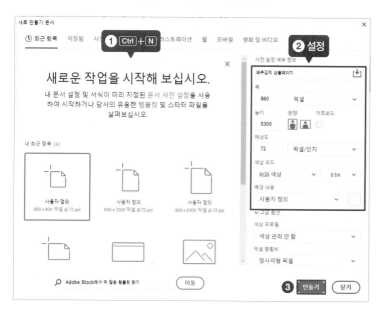

02 메인 이미지 영역 만들기 도구 패널에서 **①** **[사각형 도구]** ▢를 선택한 후 옵션 패널에서 **②** **모양, 칠:** **검은색(#000000), 획: 색상 없음**으로 설정합니다. 작업 창에서 **③** 드래그하여 **가로(W): 860픽셀, 세로(H): 940** **픽셀** 크기로 직사각형 모양을 그립니다.

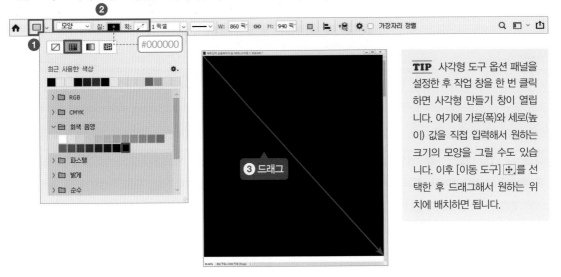

TIP 사각형 도구 옵션 패널을 설정한 후 작업 창을 한 번 클릭하면 사각형 만들기 창이 열립니다. 여기에 가로(폭)와 세로(높이) 값을 직접 입력해서 원하는 크기의 모양을 그릴 수도 있습니다. 이후 [이동 도구] ✛를 선택한 후 드래그해서 원하는 위치에 배치하면 됩니다.

TIP 칠, 획 팝업 창 살펴보기

[사각형 도구]와 같은 모양 도구의 옵션 패널에서 **칠** 또는 **획** 옵션을 클릭하면 다음과 같은 팝업 창이 열립니다. 팝업 창 상단에는 왼쪽부터 [색상 없음], [단색], [그레이디언트], [패턴] 아이콘이 있고, 오른쪽 끝에 [색상 피커] 아이콘이 있습니다.

- 색상 없음: 모양의 배경(칠)이나 테두리(획) 색상을 없앱니다.
- 단색, 그레이디언트, 패턴: 배경이나 테두리를 각각 단색, 그레이디언트, 패턴으로 채울 때 사용합니다.
- 색상 피커: 사용할 색상 값을 알 때 주로 사용합니다. 색상 피커 창이 열리며 우측 하단에 있는 # 옵션에 색상 값을 입력하면 됩니다.

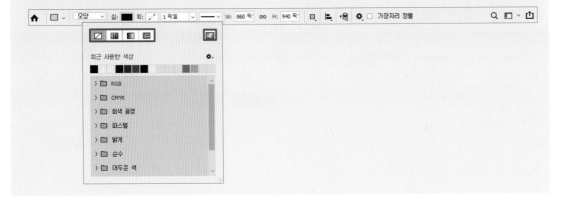

03 레이어 패널을 보면 '사각형 1' 모양 레이어가 생성되었습니다. 이름을 더블 클릭하여 **메인영역**으로 변경합니다.

04 **이미지 배치하기** ❶ [파일]-[고급 개체로 열기] 메뉴를 선택한 후 실습 파일에서 ❷ **나무배경.jpg** 파일을 찾아 불러옵니다. '나무배경-1' 작업 창이 열리면 도구 패널에서 ❸ [이동 도구] ⊕를 선택하고 '배추김치 상품페이지' 작업 창으로 드래그하여 복제합니다.

05 '배추김치 상품페이지' 작업 창에서 레이어 패널을 보면 '메인영역' 레이어 위에 '나무배경' 레이어가 배치되었습니다. ❶ '나무배경' 레이어에서 마우스 오른쪽 버튼을 클릭한 후 ❷ [클리핑 마스크 만들기]를 선택합니다(Ctrl + Alt + G). '나무배경' 레이어에 클리핑 마스크가 적용되면서 검은색 사각형 영역에만 이미지가 표시됩니다.

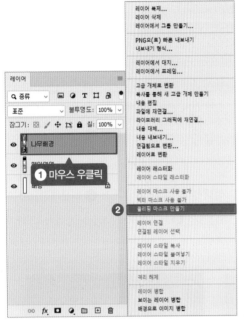

06 이어서 ❶ Ctrl + T 를 눌러 자유 변형 모드로 전환합니다. 이미지에 조절점이 표시되면 ❷ 조절점을 클릭하여 크기를, 이미지 안쪽을 클릭하여 위치를 조절할 수 있습니다. 검은색 영역에 맞춰 크기와 위치를 조절한 후 Enter 를 눌러 적용합니다.

07 다시 한 번 ❶ [파일]-[고급 개체로 열기] 메뉴를 선택하여 **배추김치.png** 파일을 불러옵니다. 도구 패널에서 ❷ [이동 도구] ⊕를 선택하고 '배추김치 상품페이지' 작업 창으로 불러 온 이미지를 드래그하여 복제합니다. 레이어 패널에서 ❸ '배추김치' 레이어를 선택한 후 Ctrl + Alt + G 를 눌러서 클리핑 마스크를 적용합니다.

08 **그림자 연출하기** 레이어 패널에서 ❶ [새 레이어] ⊞ 아이콘을 클릭하여 레이어를 추가하고 ❷ 이름을 더블 클릭하여 **그림자**로 변경합니다. 그런 다음 ❸ Ctrl 을 누른 채 아래에 있는 '배추김치' 레이어의 섬네일을 클릭합니다. 작업 창을 보면 Ctrl 을 누른 채 클릭한 섬네일의 이미지가 선택 영역으로 설정되었습니다.

09 도구 패널에서 ❶ [전경색] ▣을 검은색(#000000)으로 설정합니다. ❷ [페인트 통 도구] ▧를 선택한 후 옵션 패널에서 ❸ **전경색, 모드: 표준, 불투명도: 100%, 허용치: 32**로 설정합니다. 작업 창에서 ❹ 선택 영역 안쪽을 클릭하여 검은색으로 채웁니다.

10 ❶ [선택]−[선택 해제] 메뉴를 선택하여 선택 영역을 해제하고(Ctrl+D) ❷ [필터]−[흐림 효과]−[가우시안 흐림 효과] 메뉴를 선택합니다.

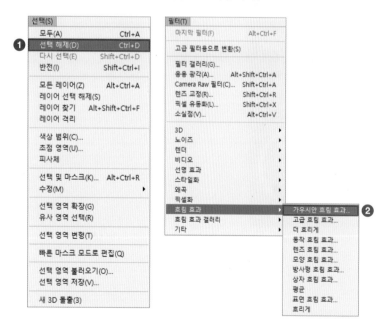

11 가우시안 흐림 효과 창이 열리면 **①** **반경: 20픽셀**로 설정한 후 **②** **[확인]**을 클릭합니다. 검은색 영역에 흐림 효과가 적용됩니다.

12 레이어 패널에서 **①** '그림자' 레이어를 '배추김치' 레이어 아래로 드래그하여 순서를 바꿉니다. 작업 창을 보면 흐림 효과가 적용된 검은색 영역이 김치 이미지 아래쪽에 배치되어 그림자처럼 보입니다. 도구 패널에서 **②** **[이동 도구]** ✥를 선택하고 작업 창에서 드래그하여 그림자의 위치를 조절할 수 있습니다.

TIP [이동 도구] ✥를 선택하고 작업 창을 클릭했더니 자동으로 다른 레이어가 선택되었다면 이동 도구의 옵션 패널에서 **자동 선택** 옵션에 체크되어 있는 상태입니다. 체크를 해제한 후 '그림자' 레이어를 선택하고 드래그해보세요. **자동 선택** 옵션에 관한 내용은 69쪽에서 자세히 확인할 수 있습니다.

그레이디언트 배경으로 만든
카피 영역

01 배경 만들기 레이어 패널에서 ❶ '배추김치' 레이어를 선택한 후 ❷ [새 레이어] 아이콘 □을 클릭합니다. ❸ 새 레이어의 이름을 더블 클릭하여 **제목 배경**으로 변경합니다.

TIP [새 레이어] □아이콘을 클릭하면 현재 선택한 레이어 위에 새로운 레이어가 추가되며, 선택한 레이어가 없을 때는 맨 위에 추가됩니다. 여기서는 가장 상단에 새 레이어를 만들기 위해 '배추김치' 레이어를 선택했지만, 빈 공간을 클릭하여 레이어 선택을 해제한 후 새로운 레이어를 추가해도 결과는 같습니다.

02 도구 패널에서 [전경색] ■을 검은색(#000000)으로 설정합니다. ❶ [그레이디언트 도구] ■를 선택한 후 옵션 패널에서 ❷ **그레이디언트 종류** 옵션을 클릭합니다. 그레이디언트 편집기 창이 열리면 ❸ **사전 설정: 기본 사항−전경색에서 투명으로**로 설정합니다. 다시 옵션 패널에서 ❹ 기본 설정인 **선형 그레이디언트(**■**)**, **모드: 표준**, **불투명도: 100%**, **디더 체크**, **투명도 체크**를 유지합니다.

03 작업 창 상단에서 ❶ Shift 를 누른 채 아래쪽으로 가볍게 드래그하여 검은색이 부드럽게 사라지는 그레이디언트를 적용합니다. 레이어 패널에서 ❷ **불투명도: 85%**로 설정하여 좀 더 배경이 비치도록 조정합니다.

04 **카피 입력하기** 도구 패널에서 ❶ **[수평 문자 도구]** T.를 선택한 후 옵션 패널에서 ❷ **글꼴: 나눔명조**, Regular, **크기: 100pt**, **안티알리아싱**(⁣ᵃᵃ⁣): **선명하게**, **정렬: 가운데 정렬**(틀), **색상: 흰색(#ffffff)**으로 설정합니다. ❸ **[창]−[문자]** 메뉴를 선택해서 문자 패널을 활성화한 후 ❹ **자간(VA)** 🆅🅰 : **150**으로 설정합니다.

05 작업 창에서 ❶ 그레이디언트 배경을 클릭한 후 메인 카피(고이담김치)를 입력하고 ❷ Ctrl + Enter 를 눌러 입력을 마칩니다.

06 계속해서 ❶ 메인 카피 아래쪽을 클릭하여 텍스트 입력 상태로 전환합니다. 옵션 패널에서 ❷ **글꼴: 나눔명조, 크기: 38pt**로, ❸ 문자 패널에서 ❹ **행간 🔠 : 48pt, 자간(VA) 🔠 : 0**으로 설정합니다. ❺ 서브 카피를 입력하고 **Ctrl** + **Enter** 를 눌러 입력을 마칩니다.

> **TIP** 앞서 입력한 메인 카피 텍스트 레이어가 선택된 상태에서 옵션을 변경하면 메인 카피의 옵션 값이 바뀝니다. 그러므로 먼저 작업 창을 클릭하여 새로운 텍스트 레이어를 추가한 후 옵션을 변경하였습니다.

07 06 과정을 참고하여(작업 창 클릭 → 옵션 변경 → 텍스트 입력) 다음과 같이 메인 카피 위쪽에 Since2006을 입력(폰트: Arial, 크기: 22pt)해서 오래도록 사랑받아온 브랜드임을 표현합니다.

08 장식 요소 추가하기 도구 패널에서 **①** [펜 도구] ✐를 선택한 후 옵션 패널에서 **②** 모양, 칠: 색상 없음, 획: 흰색(#ffffff), 2픽셀, 실선으로 설정합니다. 작업 창에서 **③** 메인 카피와 서브 카피 사이 왼쪽 한 점을 클릭한 후 **④** Shift 를 누른 채 오른쪽을 클릭하여 직선을 그립니다. **⑤** Enter 를 눌러 직선 그리기를 마칩니다.

TIP 직선을 그린 후 Enter 를 누르지 않으면 계속 그리기 상태가 유지되며, 그 상태에서 다른 지점을 클릭하면 직선에 새로운 선이 이어집니다. 또 다른 직선을 그리려면 이전 직선을 그린 후 반드시 Enter 를 눌러 완료해야 합니다.

09 계속해서 **①** 'Since2060' 텍스트 왼쪽에서 한 점을 클릭하고 **②** Shift 를 누른 채 오른쪽을 클릭하여 직선을 그리고 Enter 를 눌러 그리기를 완료합니다. 도구 패널에서 **③** [이동 도구] ✛.를 선택한 후 Shift + Alt 를 누른 채 'Since2060' 오른쪽으로 드래그하여 직선을 복제 배치합니다.

10 레이어 패널에서 **①** Ctrl 을 누른 채 '배경' 레이어를 뺀 나머지 레이어를 모두 선택한 후 **②** [새 그룹 만들기] ☐ 아이콘을 클릭하여 그룹으로 묶습니다(Ctrl + G). **③** 그룹 이름을 더블 클릭하여 '메인 이미지'로 변경합니다. 카피를 포함한 메인 이미지를 완성했습니다.

TIP 선택할 레이어가 많고, 연속적으로 배치된 레이어를 선택할 때는 범위의 한쪽 끝에 있는 레이어를 선택한 후 Shift 를 누른 채 반대쪽 끝에 있는 레이어를 선택합니다. 그러면 중간에 포함된 레이어까지 모두 선택할 수 있습니다.

깔끔하면서 단조롭지 않은
재료 소개 영역

01 재료 영역 구분하기 도구 패널에서 **❶ [펜 도구]** ✍️를 선택한 후 옵션 패널에서 **❷ 모양, 칠: 색상 없음, 획: 검은색(#000000), 3픽셀, 실선**으로 설정합니다. **❸** 메인 이미지 영역 아래쪽 중앙에서 살짝 왼쪽을 클릭한 후 **❹** Shift 를 누른 채 오른쪽을 클릭하여 직선을 그리고 **❺** Enter 를 눌러 완료합니다.

02 레이어 패널에서 추가된 모양 레이어 이름을 더블 클릭하여 **선**으로 변경합니다.

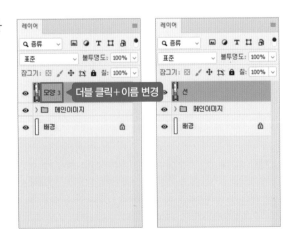

03 영역 카피 입력하기 도구 패널에서 ❶ **[수평 문자 도구]** T 를 선택한 후 옵션 패널에서 ❷ **글꼴: 나눔명조, Bold, 크기: 40pt, 안티알리아싱(** ᵃₐ **): 선명하게, 정렬: 가운데 정렬(**≡**), 색상: 검은색(#000000)** 으로 설정합니다. 작업 창에서 ❸ 검은색 직선 아래쪽을 클릭하여 영역 메인 카피(포기김치 100% 국산재료 사용)을 입력하고 ❹ Ctrl + Enter 를 눌러 입력을 마칩니다.

04 ❶ 영역 메인 카피 아래쪽을 클릭하여 텍스트 입력 상태로 전환합니다. 수평 문자 도구 옵션 패널에서 ❷ **크기: 28pt** 로 변경한 후 ❸ 서브 카피를 입력하고 Ctrl + Enter 를 눌러 입력을 마칩니다.

05 레이어 패널에서 ❶ Ctrl 을 누른 채 '선' 레이어와 2개의 텍스트 레이어를 선택한 후 Ctrl + G 를 눌러서 그룹으로 묶습니다. ❷ 그룹 이름을 더블 클릭하여 **제목-재료**로 변경합니다.

06 **사진 및 텍스트 영역 만들기** 도구 패널에서 ❶ [사각형 도구] □를 선택한 후 옵션 패널에서 ❷ **모양, 칠: 검은색(#000000), 획: 색상 없음**으로 설정합니다. 작업 창에서 ❸ 카피 왼쪽 아래를 클릭한 후 드래그하여 **가로: 460픽셀, 세로: 280픽셀** 크기로 직사각형 모양을 그립니다.

07 레이어 패널에서 ❶ 추가된 모양 레이어 이름을 더블 클릭하여 **사진영역**으로 변경합니다. 도구 패널에서 ❷ [이동 도구] ⊕를 선택합니다. Shift + Alt 를 누른 채 검은색 사각형을 오른쪽으로 드래그하여 복제&배치합니다.

TIP [이동 도구] ⊕를 선택한 후 옵션 패널에서 **자동 선택** 옵션의 체크를 해제한 다음 진행하세요.

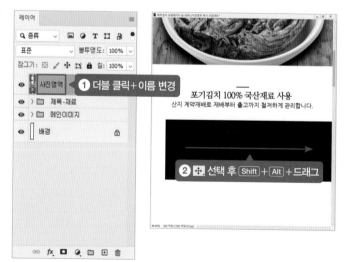

08 도구 패널에서 **①** [사각형 도구] 를 선택한 후 옵션 패널에서 **②** 칠: 빨간색(#cc0000)으로 변경합니다. 오른쪽 복제한 사각형이 빨간색으로 바뀌면 **③** Ctrl + T 를 눌러 자유 변형 모드로 전환합니다. **④** 왼쪽 중간에 있는 조절점을 오른쪽으로 드래그하여 **가로: 270픽셀**로 크기를 조절하고 Enter 를 눌러 적용합니다.

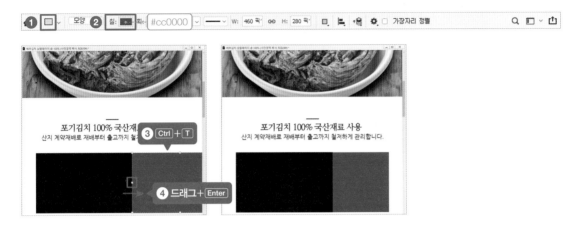

09 레이어 패널에서 복제한 오른쪽 사각형 모양 레이어 이름을 더블 클릭하여 **텍스트배경**으로 변경합니다.

10 사진 배치하기 **①** [파일]−[고급 개체로 열기] 메뉴를 선택하여 **배추밭.jpg** 파일을 불러옵니다. 도구 패널에서 **②** [이동 도구] 를 선택한 후 '배추김치 상품페이지' 작업 창으로 불러온 이미지를 드래그하여 복제합니다.

11 레이어 패널을 보면 '배추밭' 레이어가 추가되었습니다. ❶ 클릭한 채 드래그하여 '텍스트배경' 레이어와 '사진영역' 레이어 사이로 옮긴 후 ❷ Ctrl + Alt + G 를 눌러서 클리핑 마스크를 적용합니다. 배추밭 사진이 검은색 사각형인 사진 영역에만 표시됩니다.

12 텍스트 영역 완성하기 레이어 패널에서 ❶ 가장 위에 있는 '텍스트배경' 레이어를 선택합니다. 도구 패널에서 ❷ [수평 문자 도구] T 를 선택한 후 옵션 패널에서 ❸ 글꼴: 나눔고딕, Regular, 크기: 54pt, 안티알리아싱(aa): 선명하게, 정렬: 왼쪽 정렬(薹), 색상: 흰색(#ffffff)으로 설정합니다. 작업 창에서 ❹ Shift 를 누른 채 빨간색 텍스트 영역을 클릭한 후 ❺ 01을 입력하고 Ctrl + Enter 를 눌러 입력을 마칩니다.

> **TIP** 레이어 패널에서 맨 위에 새로운 텍스트 레이어를 추가하기 위해 가장 상단에 있는 레이어를 선택하고 작업을 진행했습니다.

> **TIP** [수평 문자 도구] T 를 선택하고 바로 모양 위를 클릭하면 텍스트 입력 영역이 해당 모양으로 제한됩니다. 이때 Shift 를 누른 채 클릭하면 제한 없이 원하는 위치에 텍스트를 입력할 수 있습니다.

13 도구 패널에서 ❶ [펜 도구] ✐를 선택한 후 옵션 패널에서 ❷ **모양, 칠: 색상 없음, 획: 흰색(#ffffff), 1픽셀, 점선**으로 설정합니다. 작업 창에서 ❸ '01'의 왼쪽 아래를 클릭한 후 ❹ **Shift** 를 누른 채 오른쪽을 클릭해서 직선을 그리고 ❺ **Enter** 를 눌러 완료합니다.

14 추가된 모양 레이어 이름을 더블 클릭하여 **구분선**으로 변경합니다.

15 도구 패널에서 ❶ [수평 문자 도구] T를 선택한 후 옵션 패널에서 ❷ **글꼴: 나눔고딕, Bold, 크기: 20pt, 색상: 흰색(#ffffff)**으로 설정합니다. ❸ 구분선 아래쪽을 클릭하여 재료 종류를 입력한 후 ❹ **Ctrl** + **Enter** 를 눌러 입력을 마칩니다.

16 ❶ 재료 종류 아래쪽을 클릭한 후 텍스트 입력 모드로 전환합니다. 수평 문자 도구의 옵션 패널에서 ❷ **글꼴: 나눔고딕, Regular, 크기: 6pt**로 설정을 변경한 후 ❸ 재료 설명을 입력하고 ❹ **Ctrl** + **Enter** 를 눌러 입력을 마칩니다.

17 레이어 패널에서 **❶** Ctrl 을 누른 채 '텍스트배경' 레이어부터 2개의 텍스트 레이어까지 모두 선택하고 Ctrl + G 를 눌러서 그룹으로 묶습니다. **❷** 그룹 이름을 더블 클릭하여 **설명**으로 변경합니다. 이어서 **❸** '사진영역' 레이어부터 '설명' 그룹까지 선택한 후 Ctrl + G 를 눌러 그룹으로 묶고 **❹** 그룹 이름을 **재료01**로 변경합니다.

18 **재료 영역 복제하여 배치하기** 도구 패널에서 **❶** [이동 도구] ⊕ 를 선택합니다. 작업 창에서 Alt 를 누른 채 아래쪽으로 드래그하여 '재료01' 그룹을 통째로 복제해서 배치합니다. 레이어 패널에서 **❷** 복제된 그룹 이름을 더블 클릭하여 **재료02**로 변경합니다.

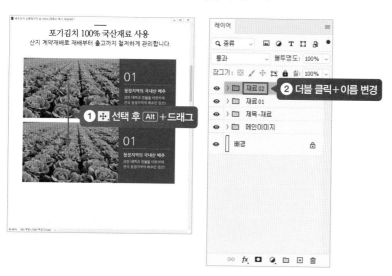

19 레이어 패널에서 ❶ '재료02' 그룹을 펼친 후 ❷ '설명' 그룹을 선택합니다. [이동 도구] ⊕가 선택된 상태로 작업 창에서 ❸ Shift 를 누른 채 왼쪽으로 드래그하여 옮깁니다. 다음으로 레이어 패널에서 ❹ '배추밭' 레이어와 '사진영역' 레이어를 선택한 후 작업 창에서 ❺ Shift 를 누른 채 오른쪽으로 드래그하여 옮깁니다.

TIP 드래그해서 이동할 때 Shift 를 누른 채 드래그하면 수직, 수평으로 옮길 수 있습니다.

20 사진 및 텍스트 교체하기 레이어 패널에서 '재료02' 그룹에 있는 '배추밭' 레이어를 선택한 후 Delete 를 눌러 삭제합니다. 작업 창을 보면 검은색 사진 영역만 보입니다.

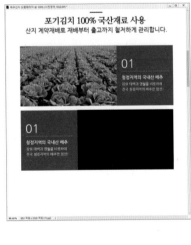

21 ① [파일]-[고급 개체로 열기] 메뉴를 선택하여 **고춧가루.jpg** 파일을 불러옵니다. 도구 패널에서 ② [이동 도구] ✛를 선택하고 고춧가루 이미지를 '배추김치 상품페이지' 작업 창으로 드래그해서 복제합니다.

22 레이어 패널을 보면 '배추밭' 레이어 자리에 '고춧가루' 레이어가 배치되었습니다. 그대로 Ctrl + Alt + G 를 눌러서 클리핑 마스크를 적용합니다.

TIP 클리핑 마스크를 적용한 후 사진 영역에 보이는 이미지 크기와 위치는 Ctrl + T 를 눌러 조절합니다.

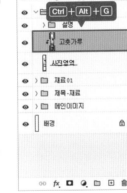

23 도구 패널에서 ① [수평 문자 도구] T 를 선택합니다. 작업 창에서 ② 두 번째 재료 영역에 있는 숫자, 재료 종류, 재료 설명 텍스트를 각각 클릭하여 수정하고 ③ Ctrl + Enter 를 눌러 수정을 완료합니다. ④ 레이어 패널에서 '재료02' 그룹을 접어 수정을 마칩니다.

24 세 번째 재료 영역 완성하기 세 번째 재료 영역은 첫 번째 재료 영역과 배치가 동일합니다. 그러므로 레이어 패널에서 ❶ '재료01' 그룹을 선택합니다. 도구 패널에서 ❷ [이동 도구] ⊕를 선택하고 작업 창에서 Shift + Alt 를 누른 채 아래로 드래그해서 복제&배치합니다.

25 레이어 패널에서 ❶ 복제된 그룹 이름을 더블 클릭하여 **재료03**으로 변경하고, 작업 창의 배치와 동일하게 맞추기 위해 ❷ '재료02' 그룹 위로 드래그하여 위치를 변경합니다. 마지막으로 ❸ [수평 문자 도구] T.를 이용하여 ❹ 텍스트를 변경합니다.

TIP 레이어 패널에서 '재료03' 그룹 위치를 변경하지 않아도 문제될 건 없습니다. 다만 이후에 유지/관리를 효과적으로 하기 위해서는 작업 창 배치와 레이어 패널의 순서를 일치시켜 놓는 것이 좀 더 편리합니다.

믿을 수 있는 먹거리 인증 마크 및 제작 과정 영역

01 인증 마크 영역 구분하기 레이어 패널에서 ❶ '제목-재료' 그룹을 선택합니다. 도구 패널에서 ❷ [이동 도구]⊕를 선택합니다. 작업 창에서 Shift + Alt 를 누른 채 재료 영역 맨 하단 빈 공간까지 드래그해서 재료 영역의 구분선과 텍스트를 복제&배치합니다.

02 레이어 패널에서 ❶ 복제된 그룹 이름을 더블 클릭하여 **제목-인증업체**로 변경하고 ❷ '재료03' 그룹 위로 드래그하여 위치를 변경합니다.

03 도구 패널에서 ❶ [**수평 문자 도구**] T.를 선택합니다. 작업 창에서 ❷ 복제한 영역에 있는 2개의 텍스트를 각각 클릭하여 제목과 설명을 수정하고 Ctrl + Enter 를 눌러 입력을 마칩니다. 텍스트를 수정하느라 그룹이 자동으로 펼쳐져 있습니다. 레이어 패널에서 ❸ '제목 – 인증업체' 그룹을 접습니다.

04 **인증 마크 배치하기** ❶ [**파일**] – [**고급 개체로 열기**] 메뉴를 선택한 후 ❷ **인증마크1.jpg** 파일과 ❸ **인증마크2.jpg** 파일을 불러옵니다.

> **TIP** 열기 창에서 Ctrl 을 누른 채 불러올 파일을 모두 선택한 후 [열기]를 클릭하면 한 번에 불러올 수 있습니다.

05 도구 패널에서 **❶** [이동 도구] ⊹.를 선택하고, 불러온 2개의 인증 마크 이미지를 각각의 작업 창에서 '배추김치 상품페이지' 작업 창으로 드래그하여 배치합니다. 레이어 패널에서 **❷** Ctrl 을 누른 채 2개의 인증 마크 레이어를 선택한 후 Ctrl + G 를 눌러서 그룹으로 묶고 **❸** 이름을 더블 클릭하여 **인증마크**로 변경합니다.

06 **제작 과정 영역 구분하기** 레이어 패널에서 **❶** '제목 – 인증업체' 그룹을 선택하고 도구 패널에서 **❷** [이동 도구] ⊹.를 선택합니다. 작업 창에서 **❸** Shift + Alt 를 누른 채 아래쪽으로 드래그해서 영역 제목을 복제하여 배치합니다.

07 레이어 패널에서 ❶ 복제된 그룹 이름을 더블 클릭하여 **제목-제조과정**으로 변경한 후 ❷ '인증마크' 그룹 위로 드래그하여 위치를 변경합니다.

08 도구 패널에서 ❶ [수평 문자 도구] T.를 선택합니다. 작업 창에서 ❷ 복제한 텍스트를 각각 클릭해서 내용을 변경한 후 Ctrl + Enter 를 눌러 완료합니다. 텍스트를 수정하느라 그룹이 자동으로 펼쳐져 있습니다. 레이어 패널에서 ❸ '제목-제조과정' 그룹을 닫아 제목 영역 수정을 완료합니다.

09 제조 과정 배치하기 도구 패널에서 ❶ [사각형 도구] ▢를 선택한 후 옵션 패널에서 ❷ 모양, 칠: 검은색(#000000), 획: 색상 없음으로 설정합니다. 작업 창에서 ❸ 드래그하여 가로: 365픽셀, 세로: 300픽셀 크기로 직사각형 모양을 그립니다.

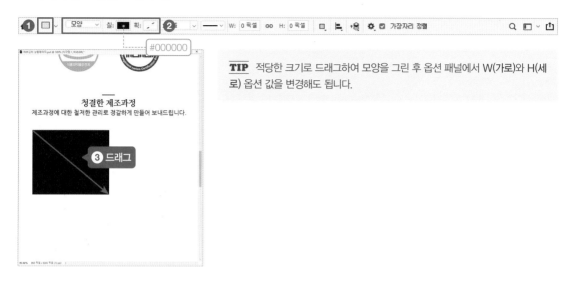

TIP 적당한 크기로 드래그하여 모양을 그린 후 옵션 패널에서 W(가로)와 H(세로) 옵션 값을 변경해도 됩니다.

10 도구 패널에서 ❶ [이동 도구] ✛를 선택한 후 작업 창에서 ❷ Shift + Alt 를 누른 채 오른쪽으로 드래그하여 복제합니다. 계속해서 Shift + Alt 를 누른 채 아래로, 다시 왼쪽으로 복제해서 총 4개의 이미지 영역을 배치합니다. 레이어 패널에서 ❸ 모양 레이어의 이름을 각각 **사진영역1~사진영역4**로 변경하고 ❹ 배치 순서에 따라 레이어 위치를 조정합니다.

11 이제 첫 번째 제조 과정부터 사진을 배치해보겠습니다. 레이어 패널에서 ❶ 왼쪽 위에 있는 영역인 '사진영역1' 레이어를 선택합니다. ❷ [파일]−[고급 개체로 열기] 메뉴를 선택해서 **시설1.jpg** 파일을 불러옵니다. 도구 패널에서 ❸ [이동 도구] ⊕를 선택한 후 '배추김치 상품페이지' 작업 창으로 불러온 이미지를 드래그해서 복제&배치합니다.

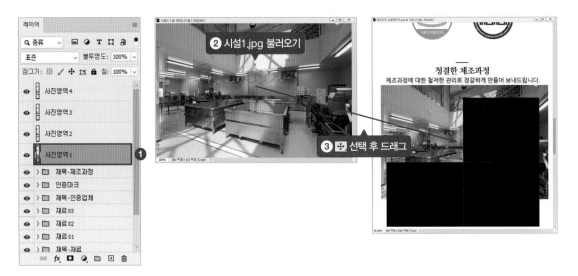

12 '배추김치 상품페이지' 작업 창에서 그대로 ❶ Ctrl + Alt + G 를 눌러 클리핑 마스크를 적용하고 ❷ Ctrl + T 를 눌러 ❸ 이미지 크기와 위치를 조절한 후 Enter 를 눌러 적용합니다.

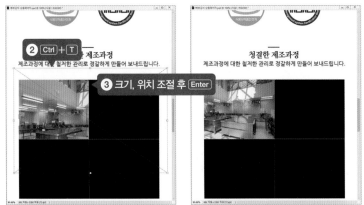

13 계속해서 ❶ 오른쪽 위 영역인 '사진영역2' 레이어를 선택한 후 ❷ **시설2.jpg** 파일을 불러와서 배치하고 ❸ 클리핑 마스크를 적용합니다.

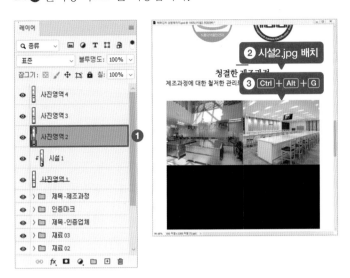

14 같은 방법으로 ❶ 왼쪽 아래 영역(사진영역3)에는 **시설3.jpg**, 오른쪽 아래 영역(사진영역4)에는 **시설4.jpg** 파일을 불러와서 배치한 후 클리핑 마스크를 적용하여 제조 과정을 완성합니다. 레이어 패널에서 ❷ '사진영역1' 레이어부터 '시설4' 레이어까지 모두 선택한 후 `Ctrl`+`G`를 눌러서 그룹으로 묶고 ❸ 이름을 더블 클릭하여 **제조과정**으로 변경합니다.

신뢰감을 높이는
브랜드 스토리 영역

01 배경 이미지 배치하기 ❶ [파일]-[고급 개체로 열기] 메뉴를 선택하여 **재료.jpg** 파일을 불러옵니다. 도구 패널에서 ❷ [이동 도구] ⊕를 선택한 후 '배추김치 상품페이지' 작업 창으로 드래그해서 복제합니다.

02 '배추김치 상품페이지' 작업 창에서 ❶ Ctrl + T 를 눌러 자유 변형 모드로 전환합니다. ❷ 모서리의 조절점을 드래그하여 크기를 조절하고, 이미지 안쪽을 드래그하여 제조 과정 영역 아래쪽에 배치한 후 Enter 를 눌러 적용합니다.

03 텍스트 영역 만들기 도구 패널에서 **①** **[사각형 도구]** ▢를 선택한 후 옵션 패널에서 **②** **모양, 칠: 검은색(#000000), 획: 흰색(#ffffff), 2픽셀, 실선**으로 설정합니다. 작업 창에서 **③** 배경 이미지 위에서 드래그하여 **가로: 600픽셀, 세로: 340픽셀** 크기로 직사각형 모양을 그립니다.

04 레이어 패널에서 **①** 모양 레이어 이름을 더블 클릭하여 **설명배경**으로 변경하고 **②** **불투명도: 65%**로 설정합니다. 작업 창을 보면 검은색 사각형 아래로 배경 이미지가 살짝 비칩니다.

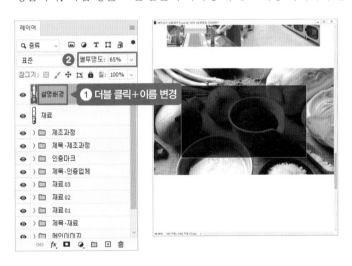

TIP '재료' 레이어는 앞서 복제해서 배치한 배경 이미지 레이어입니다. 파일명이 자동으로 레이어 이름으로 적용됩니다.

05 **장식 요소(구분선) 추가하기** 도구 패널에서 **❶ [펜 도구]** ✐를 선택한 후 옵션 패널에서 **❷ 모양, 칠: 검은색 (#000000), 획: 흰색(#ffffff), 3픽셀, 실선**으로 설정합니다. 작업 창의 **❸** 텍스트 영역 위에서 다음과 같이 한쪽을 클릭한 후 **❹** [Shift]를 누른 채 나머지 한쪽을 클릭하여 직선을 그리고 **❺** [Enter]를 눌러 적용합니다.

06 레이어 패널에서 추가된 모양 레이어 이름을 더블 클릭하여 **선**으로 변경합니다.

07 **텍스트 입력하기** 도구 패널에서 **❶ [수평 문자 도구]** T를 클릭한 후 옵션 패널에서 **❷ 글꼴: 나눔명조, Regular, 크기: 40pt, 안티알리아싱(**ªₐ**): 선명하게, 정렬: 가운데 정렬(**═**), 색상: 흰색(#ffffff)**으로 설정합니다. 작업 창에서 **❸** 구분선 아래쪽을 클릭하여 제목 텍스트를 입력한 후 **❹** [Ctrl]+[Enter]를 눌러 입력을 마칩니다.

08 계속해서 **①** 제목 텍스트 아래쪽을 클릭하여 텍스트 입력 모드로 전환한 후 옵션 패널에서 **②** **크기:** **30pt**로 변경합니다. **③** 브랜드 스토리 내용을 입력한 후 Ctrl + Enter 를 눌러 입력을 마칩니다.

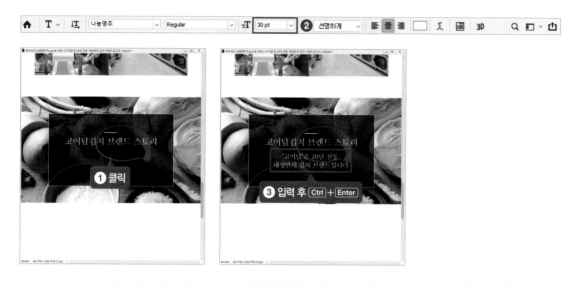

TIP 실습처럼 2줄 이상 텍스트를 입력할 때는 줄과 줄 사이 간격인 행간을 적절하게 조절해야 합니다. [창]-[문자] 메뉴를 선택한 후 문자 패널이 열리면 **행간** 🔼 옵션을 변경할 수 있습니다. 실습에서는 40pt로 설정했습니다.

09 레이어 패널에서 **①** Ctrl 을 누른 채 '재료' 레이어부터 2개의 텍스트 레이어까지 모두 선택한 후 Ctrl + G 를 눌러서 그룹으로 묶습니다. **②** 그룹 이름을 더블 클릭하여 **브랜드스토리**로 변경합니다.

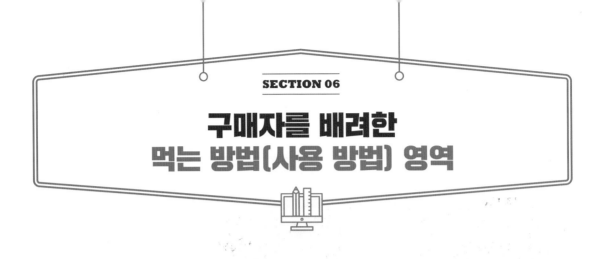

SECTION 06

구매자를 배려한
먹는 방법(사용 방법) 영역

01 장식 이미지 배치하기 [파일]-[고급 개체로 열기] 메뉴를 선택한 후 **❶ 마늘.png** 파일과 **❷ 배추김치-연출.png** 파일을 불러옵니다.

TIP 이미지 확장자가 PNG인 파일은 투명한 배경을 지원하는 파일입니다. 위와 같이 불러온 이미지 배경에 격자 무늬가 있다면 배경이 투명하다는 의미입니다.

02 도구 패널에서 **❶ [이동 도구]** ⊕ 를 선택한 후 **❷** 각 작업 창에서 '배추김치 상품페이지' 작업 창으로 드래그하여 복제합니다. **❸** 복제한 이미지는 다음과 같이 브랜드 스토리 영역 아래쪽에서 대각선 형태로 좌우에 배치합니다.

03 텍스트 입력하기 도구 패널에서 ❶ [수평 문자 도구] T 를 선택한 후 옵션 패널에서 ❷ **글꼴: 나눔고딕**, **Regular, 크기: 40pt, 안티알리아싱(ªª): 선명하게, 정렬: 가운데 정렬(≡), 색상: 빨간색(#cc0000)**으로 설정합니다. ❸ 문자 패널을 열고 ❹ **행간 ☆: 46pt**로 설정합니다. 작업 창을 ❺ 클릭하여 제목 텍스를 입력하고 ❻ Ctrl + Enter 를 눌러 입력을 마칩니다.

TIP [창]–[문자] 메뉴를 선택하면 문자 패널을 열 수 있습니다.

04 [수평 문자 도구] T 가 선택된 상태에서 ❶ 둘째 줄에 있는 '더욱 맛있게 먹는 법?'을 드래그하여 선택합니다. 옵션 패널에서 ❷ **색상: 검은색(#000000)**으로 변경하고 ❸ Ctrl + Enter 를 눌러 수정을 마칩니다.

05 [수평 문자 도구] T가 선택된 상태에서 ❶ 제목 텍스트 아래쪽을 클릭하여 텍스트 입력모드로 전환합니다. 옵션 패널에서 ❷ **글꼴: 나눔고딕, 크기: 24pt**로 변경한 후 ❸ 관련 내용(맛있게 먹는 방법)을 입력하고 Ctrl + Enter 를 눌러 입력을 마칩니다.

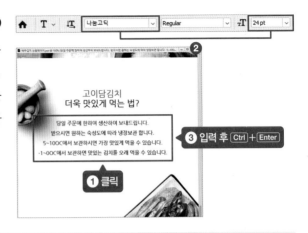

TIP 포토샵에서 위첨자 입력하기

실습에서 맛있게 먹는 방법을 입력할 때 온도에 관한 내용이 있습니다. 온도의 단위인 ℃를 입력하려면 특수문자를 사용해야 하는데, 포토샵에서는 입력하기가 쉽지 않습니다. 그러므로 ℃에서 °와 비슷한 영문 대문자 O를 입력한 후 드래그해서 선택하고, 문자 패널에서 [위첨자] T¹ 아이콘을 클릭하여 위첨자로 표현했습니다. ℃와 비슷하게 입력된 것을 확인할 수 있습니다.

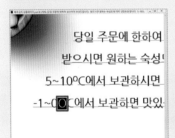

---

06 ❶ '당일 주문', '냉장보관' 등 설명에서 중요한 내용만 드래그하여 선택한 후 옵션 패널에서 ❷ **색상: 빨간색(#cc0000)**으로 변경한 다음 ❸ Ctrl + Enter 를 눌러 수정을 마칩니다.

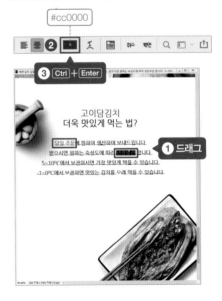

SECTION 07

빠른 정보 전달을 위한
간단한 인포그래픽

01 기본 도형 그리기 간단한 인포그래픽으로 기간에 따른 김치 상태를 표현하겠습니다. 도구 패널에서 ❶ [타원 도구] ◎를 선택한 후 옵션 패널에서 ❷ 모양, **칠: 빨간색(#cc0000)**, **획: 색상 없음**으로 설정합니다. 작업 창의 ❸ 설명 텍스트 아래쪽에서 드래그하여 **가로: 145픽셀**, **세로: 145픽셀** 크기로 원 모양을 그립니다.

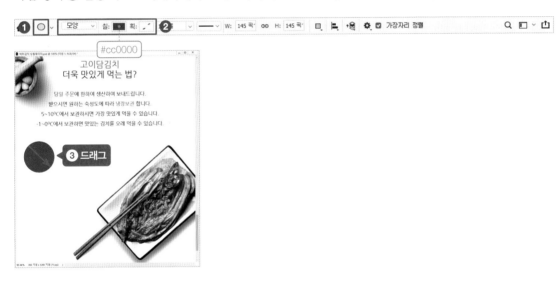

02 레이어 패널에서 ❶ [레이어 스타일] _fx_ 아이콘을 클릭한 후 ❷ [패턴 오버레이]를 선택합니다. '패턴 오버레이' 레이어 스타일 창이 열리면 ❸ 혼합 모드: 곱하기, 불투명도: 50%, 패턴: 레거시 패턴 및 기타-기존 패턴-웹 패턴-오른쪽 대각선1로 설정하고 ❹ [확인]을 클릭합니다.

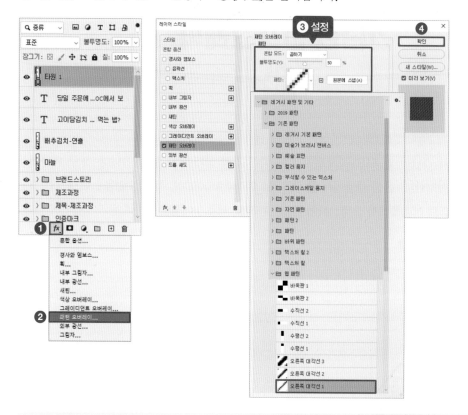

> **TIP** 패턴 옵션을 클릭한 후 목록에서 [레거시 패턴 및 기타]가 보이지 않는다면 103쪽을 참고하여 [레거시 패턴 및 기타] 항목을 추가한 후 다시 설정하세요.

03 타원 모양에 패턴이 채워졌습니다. 도구 패널에서 ❶ [이동 도구] ⊕를 선택하고 작업 창에서 ❷ Shift + Alt 를 누른 채 오른쪽으로 드래그하여 복제합니다.

04 도구 패널에서 ❶ [타원 도구] ⊙를 선택한 후 옵션 패널에서 ❷ **칠: 진한 빨간색(#920202)**으로 수정합니다. 오른쪽에 있는 타원이 더 짙은 빨간색으로 변경되었습니다. 레이어 패널에서 ❸ 복제한 모양 레이어 이름을 더블 클릭하여 **타원2**로 변경합니다.

05 ❶ 같은 방법으로 타원 모양을 하나 더 복제해서 배치한 후 ❷ 채우기 색상(칠)을 **진한 빨간색 (#460101)**으로 수정합니다. ❸ 복제한 레이어 이름은 **타원3**으로 변경합니다.

06 텍스트 입력하기 도구 패널에서 ❶ [수평 문자 도구] T를 선택한 후 옵션 패널에서 ❷ 글꼴: 나눔고딕, Regular, 크기: 22pt, 정렬: 가운데 정렬(￦), 색상: 흰색(#ffffff)으로 설정합니다. ❸ [창]−[문자] 메뉴를 선택하여 문자 패널을 열고 ❹ 행간 : 26pt로 설정합니다.

#ffffff

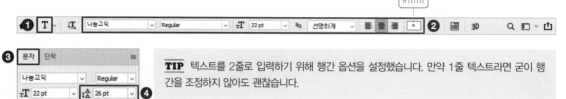

TIP 텍스트를 2줄로 입력하기 위해 행간 옵션을 설정했습니다. 만약 1줄 텍스트라면 굳이 행간을 조정하지 않아도 괜찮습니다.

07 작업 창에서 ❶ Shift를 누른 채 첫 번째 타원 위를 클릭한 후 ❷ 김치 상태 텍스트를 입력하고 Ctrl + Enter를 눌러 입력을 마칩니다.

08 도구 패널에서 ❶ [이동 도구]를 선택합니다. 작업 창에서 ❷ Shift + Alt를 누른 채 오른쪽 타원 위로 드래그하여 텍스트를 복제합니다. 도구 패널에서 ❸ [수평 문자 도구] T를 선택합니다. ❹ 복제한 텍스트를 클릭하여 텍스트 편집 모드로 전환하여 내용을 변경하고 ❺ Ctrl + Enter를 눌러 입력을 마칩니다.

TIP [이동 도구]를 선택한 후 Shift + Alt를 누른 채 드래그했을 때 위와 같이 텍스트가 복제되지 않는다면 이동 도구 옵션 패널에서 **자동 선택** 옵션이 체크되어 있는지 확인해보세요. 자세한 설명은 69쪽을 참고하세요.

09 같은 방법으로 세 번째 타원 위에도 텍스트를 복제해서 배치한 후 내용을 수정합니다.

10 **구분선 그리기** 도구 패널에서 ❶ [펜 도구] ⬚.를 선택한 후 옵션 패널에서 ❷ 모양, 칠: 색상 없음, 획: 검은색(#000000), **2픽셀**, **실선**으로 설정합니다. 작업 창에서 ❸ 타원 왼쪽 아래를 클릭하고 ❹ Shift 를 누른 채 오른쪽을 클릭하여 직선을 그린 후 ❺ Enter 를 눌러 완료합니다.

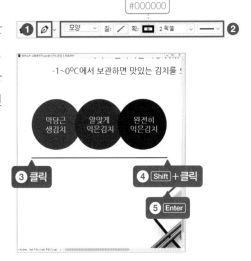

11 이번에는 ❶ 가로로 그린 직선의 왼쪽 끝에서 위쪽을 클릭한 후 ❷ Shift 를 누른 채 아래쪽을 클릭하여 세로로 짧은 직선을 그리고 ❸ Enter 를 눌러 완료합니다. 레이어 패널에서 ❹ 추가된 2개의 모양(직선) 레이어 이름을 각각 더블 클릭하여 **가로선**과 **세로선**으로 변경합니다.

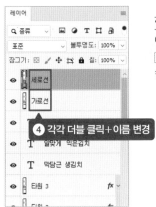

TIP 세로 직선은 가로 직선 왼쪽 끝에 배치해야 합니다. 짧은 세로 직선을 그린 후 [이동 도구] ⊕.를 선택해서 드래그하면 정확한 위치에 배치할 수 있습니다.

12 도구 패널에서 ❶ [이동 도구] ⊕를 선택합니다. 작업 창에서 ❷ Shift + Alt 를 누른 채 오른쪽으로 3차례 드래그해서 다음과 같이 세로 직선을 복제하여 배치합니다.

13 도구 패널에서 ❶ [수평 문자 도구] T를 선택한 후 옵션 패널에서 ❷ 글꼴: 나눔고딕, 크기: 20pt, 정렬: 가운데 정렬(☰), 색상: 검은색(#000000)으로 설정합니다. 작업 창에서 ❸ 왼쪽 첫 번째 세로 직선 아래쪽을 클릭하여 0일을 입력하고 ❹ Ctrl + Enter 를 눌러 입력을 마칩니다. #000000

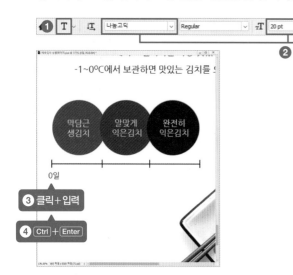

14 도구 패널에서 ❶ [이동 도구] ⊕를 선택한 후 ❷ Shift + Alt 를 누른 채 오른쪽으로 3차례 드래그하여 텍스트를 복제해서 각 세로 직선 아래 배치합니다. 이어서 ❸ [수평 문자 도구] T를 선택한 후 ❹ 복제한 각 텍스트를 클릭해서 내용을 9일, 13일, 28일로 변경하고 ❺ Ctrl + Enter 를 눌러 수정을 마칩니다.

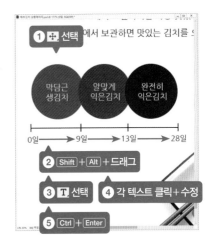

15 레이어 패널에서 ❶ 첫 번째 타원에 해당하는 '타원1' 레이어부터 '28일' 텍스트 레이어까지 모두 선택한 후 Ctrl + G 를 눌러서 그룹으로 묶습니다. ❷ 그룹 이름을 더블 클릭하여 **김치상태**로 변경합니다.

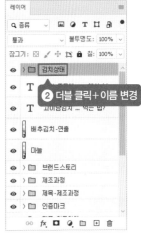

16 수평 문자 도구 옵션 패널에서 ❶ **왼쪽 정렬**로 변경하고 ❷ 문자 패널에서 ❸ **행간**[⚏]**: 35pt**로 설정합니다. 작업 창에서 ❹ 김치 이미지 아래쪽을 클릭하여 유의 사항을 두 줄로 입력하고 ❺ `Ctrl` + `Enter` 를 눌러 입력을 마칩니다.

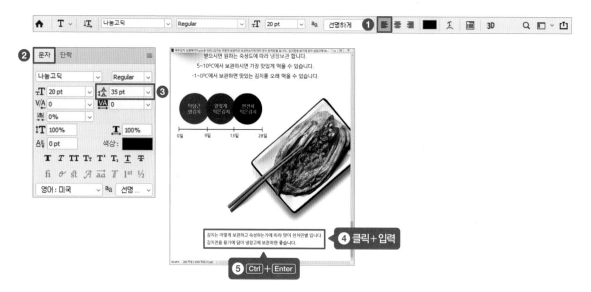

17 도구 패널에서 ❶ **[사용자 정의 모양 도구]** [⚑]를 선택합니다. 옵션 패널에서 ❷ **모양**, **칠: 검은색 (#000000)**, **획: 색상 없음**으로 설정합니다. 계속해서 ❸ **모양** 옵션을 클릭하여 팝업 창이 열리면 ❹ **[레거시 모양 및 기타 – 모든 레거시 기본 모양 – 기호 – 체크 표시]**를 선택합니다.

TIP 팝업 창에 [레거시 모양 및 기타] 항목이 보이지 않는다면 32쪽을 참고하여 추가한 후 선택하세요.

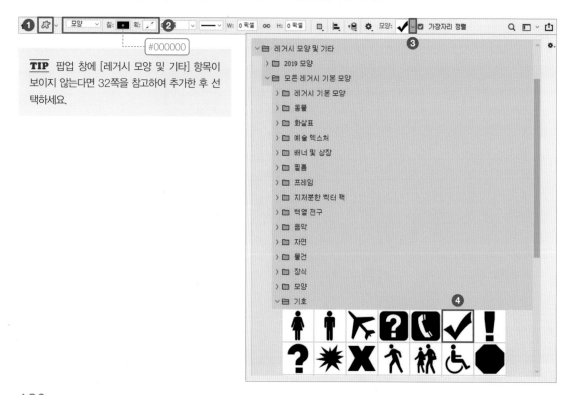

18 작업 창에서 앞서 입력한 유의 사항 왼쪽에 체크 표시를 그립니다. 적당한 크기로 각각 드래그해서 체크 표시를 그려도 되고, 한 개만 그린 후 [이동 도구]를 이용해 복제&배치해도 됩니다.

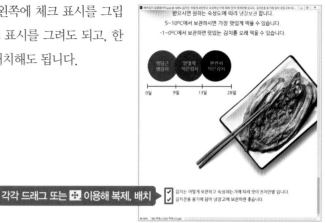

각각 드래그 또는 💠 이용해 복제, 배치

19 레이어 패널에서 ❶ 먹는 방법 영역에 처음 배치한 '마늘' 레이어부터 체크 표시 모양 레이어까지 모두 선택한 후 Ctrl + G 를 눌러서 그룹으로 묶습니다. ❷ 그룹 이름을 더블 클릭하여 **먹는법**으로 변경합니다. 전체 상세 페이지 디자인을 완료했습니다.

결과 확인하기

이번 실습에서는 총 6개 영역을 11개 그룹으로 나누어서 작업했습니다. 이와 같은 먹거리 상세 페이지에서는 상품을 구매할 독자에게 안전한 먹거리, 믿을 수 있는 먹거리임을 보여주는 것이 중요합니다. 그래서 인증 마크나 재료, 청결한 작업 과정 위주로 디자인했습니다. 또한 고객에게 서비스하는 차원에서 맛있게 먹는 방법까지 추가했습니다. 완성 결과는 아래 QR 코드를 찍어 웹에서 확인할 수 있으며, 배추김치 상품페이지.psd 파일을 실행하면 레이어가 살아 있는 포토샵 결과물을 확인할 수 있습니다.

실전 03 | 젊은 층을 겨냥한 뷰티 제품

✏️ 말끔하게 씻어주는 클렌징 상세 페이지

상품 콘셉트

모공 관리 전문 브랜드인 스킨미소의 클렌징 제품 상세 페이지입니다. 상세 페이지를 만들 상품은 흰색 패키지에 회색과 하늘색 포인트 컬러로 디자인된 상품입니다. 이러한 패키지 디자인은 말끔하게 모공을 관리한다는 의미를 담고 있습니다. 따라서 브랜드 이미지와 상품 패키지 디자인을 고려하여 하늘색 배경에 흰색 거품, 흰색과 하늘색 사선에 배치한 제품과 패키지, 핑크색 배경에 배치한 제품 등 전반적으로 자극이 없고 순수한 이미지가 강조되게 촬영했습니다.

디자인 콘셉트

'깨끗함', '맑음', '부드러움'을 핵심 키워드로 하는 라이스 폼 클렌징 제품의 콘셉트에 맞춰, 상세 페이지 역시 전체적으로 밝고 가벼우며 맑은 느낌의 디자인으로 작업했습니다. 젊은 층이 주 타깃이므로 메인 이미지에는 동적이고 발랄한 느낌이 들도록 사선 배경으로 연출한 사진을 활용했습니다. 이외에 본문 영역에서는 땡땡이 패턴, 원 모양, 말풍선 등을 활용하여 전체 분위기를 이끌도록 했으며, 간단한 일러스트 요소를 활용하여 젊은 층에서 재미있게 읽을 수 있는 콘텐츠처럼 보이도록 디자인했습니다.

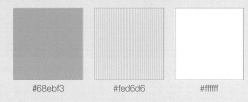

#68ebf3	#fed6d6	#ffffff

**색상 & 글꼴
가이드**

흰색, 하늘색, 연한 핑크색을 사용해 깨끗하고 자극이 적은 폼 클렌징이라는 상품 콘셉트를 살리는 데 집중했습니다. 패키지 디자인에 사용된 흰색과 하늘색을 기준으로 전체 컬러를 선정했고, 주 타깃이 젊은 여성임을 고려하여 파스텔 계열의 핑크를 추가해 부드럽고 사랑스러운 느낌을 더했습니다.

모바일 중심의 상세 페이지로, 전체적으로 글꼴을 크게 사용했습니다. 상품 콘셉트를 유지하기 위해 패키지 디자인에 사용된 Century Gothic 글꼴을 메인 디자인에서 활용했으며, 부드러운 느낌을 살리고자 '야놀자 야체'를 포인트 부분에 활용했습니다. 이외에 고객이 정확하게 파악해야 하는 내용은 '나눔고딕'을 사용해 가독성을 높였습니다.

**마케팅
포인트**

화장품처럼 피부에 직접 닿는 제품은 사용 후기가 매출에 많은 영향을 줍니다. 국내 브랜드의 품질 수준은 이미 전 세계적으로 인정하는 부분이므로 유명 브랜드가 아니더라도 인플루언서나 고객의 솔직한 후기, 임상 테스트 자료 등을 활용하면 신뢰감이 높아지면서 매출 증대에도 기여한다고 합니다. 그러므로 고객의 피부 만족도 '98%'라는 숫자와 SNS 인플루언서 후기, 고객의 사용 후기 등을 상단에 배치해 사용자들의 만족도가 높은 상품임을 어필합니다. 하단에는 영역을 따로 구분하여 공식적으로 인정을 받은 제품임을 강조해 신뢰도를 높이는 포인트로 활용하였습니다.

유의 사항

흰색, 하늘색, 연한 핑크색 등을 전체적으로 활용하여 디자인에서 강약 조절이 어려울 수 있습니다. 그러므로 강조하고 싶은 부분과 그렇지 않은 내용의 영역 크기를 확연하게 구분하거나 글꼴의 크기를 조절하여 강약을 조절하는 작업이 필요합니다. 한편, 발랄한 느낌을 나타내기 위해 사용한 사선과 도형이 과하면 자칫 산만한 디자인이 될 수 있으므로, 다양한 형태가 아닌 비슷한 모양을 반복하여 사용하는 것이 좋습니다.

세부 디자인 설계하기

메인 이미지

메인 컬러인 하늘색과 흰색을 활용하여 사선으로 배치한 배경을 만들어 동적이고 발랄한 느낌을 연출합니다. 이때 흰색 제품이 강조되어 보일 수 있도록 하늘색을 좀 더 넓게 배치했습니다. 여기에 사선의 방향성을 강조하기 위해 실선을 추가했습니다. 하늘색 배경 위에는 땡땡이 패턴이 있는 원을 배치해서 부드러운 느낌을, 핑크색 원 모양으로 여성스러움을 추가했습니다.

상품 특징

상품 특징 영역 디자인은 이번 상세 페이지에서 가장 많이 사용할 대표적인 포맷입니다. 하나의 형식을 완성한 후 복제하여 성분과 추천 영역에서 활용합니다. 전체적인 디자인 통일성을 위해 사선 배경과 땡땡이 원을 활용했으며, 다른 영역에서 사용 시 두 가지 컬러를 교차해서 활용합니다. 기본 배경에 간단한 일러스트를 활용하여 귀여운 느낌을 주면서도 주목성 있는 특징을 표현했습니다.

후기

후기와 고객 만족도는 피부에 직접 닿는 뷰티 제품에서 매우 중요합니다. 그러므로 만족도를 표현하는 숫자를 크게 표현하여 고객의 시선을 끕니다. 또한 제품 신뢰도를 높이기 위해서 SNS 인플루언서나 고객이 직접 남긴 후기를 캡처하여 꾸밈없이 그대로 배치합니다.

성분과 사용감

뷰티 제품이나 먹거리를 구매할 때 고객의 후기만큼 구매자들이 꼼꼼하게 살피는 것이 성분(재료)입니다. 제품을 만드는 데 사용한 성분이 얼마나 친환경적이고 피부에 좋을지 강조하기 위해 사각형 사진으로 깔끔하게 표현하였습니다. 이어지는 사용감 영역은 실제 사용 중인 것처럼 자연스럽게 촬영한 사진에 말풍선을 활용하여 귀엽게 표현했습니다.

추천

원하는 상품을 찾는 듯한 느낌으로 '#'을 활용해서 디자인합니다. 해시태그를 배치한 박스 모양은 모서리가 둥근 직사각형으로 부드럽게 표현했습니다. 또한 디자인의 단조로움을 피하고 발랄한 느낌을 주기 위해 태그별 중요도 등에 따라 배경과 컬러를 다르게 하였습니다.

정보

피부 자극 관련 테스트에 대한 인증 정보를 배치하여 제품이 객관적으로 안전하다는 것을 증명합니다. 이때 꾸밈없이 기본 형태를 그대로 배치한 후 중요한 정보만 별도로 입력합니다. 다만 너무 딱딱한 느낌이 들지 않게 브랜드 캐릭터 등을 활용하고 관련 정보와 주의 사항들을 배치합니다.

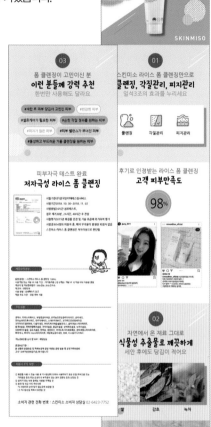

01 새 파일 만들기 ❶ [파일]-[새로 만들기] 메뉴를 선택합니다(Ctrl + N). 새로 만들기 문서 창이 열리면 ❷ 제목: 폼클렌징 상품페이지, 폭: 860픽셀, 높이: 7600픽셀, 해상도: 72픽셀/인치, 색상 모드: RGB색상, 8bit, 배경 내용: 흰색으로 설정하고 ❸ [만들기]를 클릭합니다.

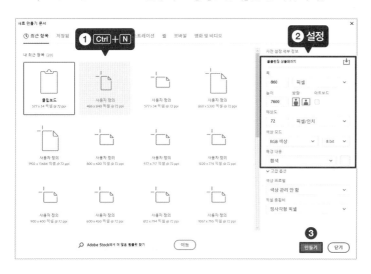

02 텍스트 입력하기 도구 패널에서 ❶ [수평 문자 도구] T를 선택한 후 옵션 패널에서 ❷ 글꼴: 나눔고딕,
Regular, 크기: 27pt, 안티알리아싱(ᵃₐ): 선명하게, 정렬: 가운데 정렬(▤), 색상: 검은색(#000000)으로 설정합
니다. 작업 창에서 ❸ 맨 위쪽 중앙을 클릭하여 다음과 같이 카피(풍성한 거품으로 노폐물을 순하게 제거하
는 폼 클렌징)를 입력하고 ❹ Ctrl + Enter 를 눌러 입력을 마칩니다.

#000000

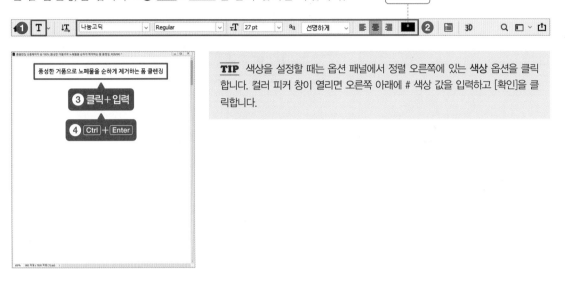

> **TIP** 색상을 설정할 때는 옵션 패널에서 정렬 오른쪽에 있는 **색상** 옵션을 클릭
> 합니다. 컬러 피커 창이 열리면 오른쪽 아래에 # 색상 값을 입력하고 [확인]을 클
> 릭합니다.

03 ❶ 앞서 입력한 카피 아래쪽을 클릭하여 새로운 텍스트 레이어를 추가합니다. 옵션 패널에서 ❷ 글
꼴: Century Gothic, Bold, 크기: 100pt, 안티알리아싱(ᵃₐ): 뚜렷하게, 정렬: 가운데 정렬(▤), 색상: 회색
(#666666)으로 설정을 변경합니다. 이어서 ❸ 문자 패널을 열어 ❹ **자간(VA)**▥: 150으로 설정합니다.

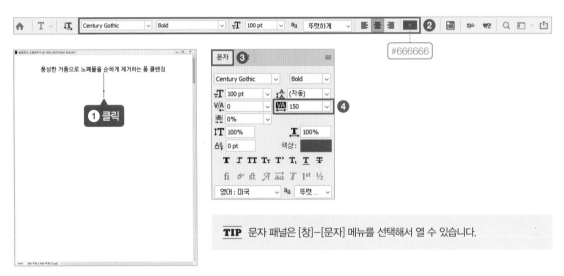

> **TIP** 문자 패널은 [창]−[문자] 메뉴를 선택해서 열 수 있습니다.

04 설정을 변경한 후에는 작업 창에서 ❶ RICEFOAM을 입력합니다. 그런 다음 ❷ 'FOAM' 부분만 드래 그하여 선택하고 옵션 패널에서 ❸ **색상: 하늘색(#13bfd6)**으로 변경합니다. Ctrl + Enter 를 눌러 입력을 마 칩니다.

05 다시 ❶ 제품 이름 아래쪽을 클릭하여 텍스트 레이어를 추가합니다. 옵션 패널에서 ❷ **글꼴: Century Gothic, Regular, 크기: 95pt, 안티알리아싱(ᵃₐ): 뚜렷하게, 정렬: 가운데 정렬(畫), 색상: 회색(#666666)**으로 설정합니다. 이어서 ❸ 문자 패널을 열어 ❹ **자간(VA) VA : 120**으로 설정을 변경합니다. ❺ CLEANSING을 입력하고 Ctrl + Enter 를 눌러 입력을 마칩니다.

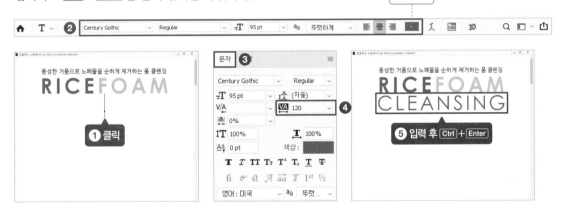

06 레이어 패널에서 ❶ Ctrl 을 누른 채 3개의 텍 스트 레이어를 각각 클릭해서 모두 선택한 후 Ctrl + G 를 눌러 그룹으로 묶습니다. ❷ 그룹 이름을 더 블 클릭하여 **메인타이틀**로 변경합니다.

사선 디자인을 활용한 메인 이미지 영역

01 장식 이미지 배치하기 ❶ [파일]-[고급 개체로 열기] 메뉴를 선택한 후 실습 파일 중 **거품.jpg** 파일을 찾아 불러옵니다. 도구 패널에서 **❷** [이동 도구] ⊕를 선택한 후 '폼클렌징 상품페이지' 작업 창으로 거품 이미지를 드래그하여 복제합니다.

02 ❶ [편집]-[자유 변형] 메뉴를 선택하여(Ctrl + T) 자유 변형 모드로 전환합니다. **❷** 조절점을 드래그하여 적당한 크기로 조절하고, 이미지 중앙을 클릭한 채 드래그해서 위치를 변경한 후 Enter 를 눌러 적용합니다.

> **TIP** 조절점을 드래그할 때 Shift 를 누른 채 드래그하면 가로/세로 비율을 유지한 채 크기를 변경할 수 있습니다.

03 사선 배경 만들기 도구 패널에서 ❶ [사각형 도구] ▢를 선택한 후 옵션 패널에서 ❷ 모양, 칠: 하늘색 (#68ebf3), 획: 색상 없음으로 설정합니다. 작업 창에서 ❸ 'CLEANSING'이 가려지도록 드래그하여 가로: 860픽셀, 세로: 670픽셀 크기로 직사각형 모양을 그립니다.

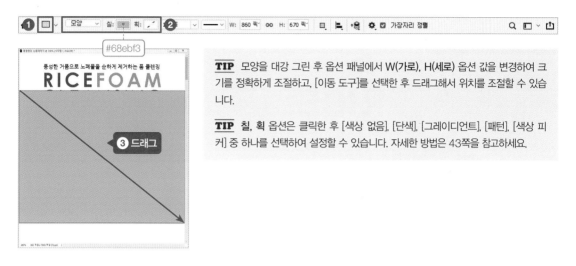

TIP 모양을 대강 그린 후 옵션 패널에서 W(가로), H(세로) 옵션 값을 변경하여 크기를 정확하게 조절하고, [이동 도구]를 선택한 후 드래그해서 위치를 조절할 수 있습니다.

TIP 칠, 획 옵션은 클릭한 후 [색상 없음], [단색], [그레이디언트], [패턴], [색상 피커] 중 하나를 선택하여 설정할 수 있습니다. 자세한 방법은 43쪽을 참고하세요.

04 ❶ [편집]-[패스 변형]-[왜곡] 메뉴를 선택합니다. 작업 창에서 ❷ Shift 를 누른 채 하늘색 사격형의 왼쪽 위 조절점을 다음과 같이 아래쪽으로 드래그한 후 ❸ Enter 를 눌러 평행사변형으로 만듭니다. 레이어 패널에서 ❹ 하늘색 사각형 모양 레이어의 이름을 더블 클릭하여 하늘색배경으로 변경합니다.

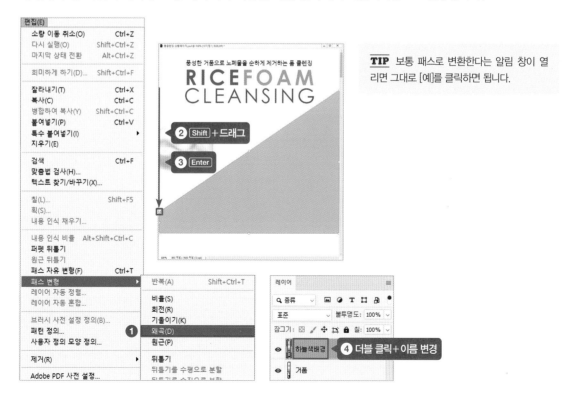

TIP 보통 패스로 변환한다는 알림 창이 열리면 그대로 [예]를 클릭하면 됩니다.

05 사진 배치한 후 효과 적용하기 ❶ [파일]-[고급 개체로 열기] 메뉴를 선택한 후 **폼클렌징튜브**.png 파일을 찾아 불러옵니다. 도구 패널에서 ❷ [이동 도구] ⊕를 선택한 후 '폼클렌징 상품페이지' 작업 창으로 불러온 이미지를 드래그하여 복제합니다.

TIP 이미지 파일의 확장자인 PNG는 투명한 배경을 지원합니다.

06 ❶ Ctrl + T 를 눌러 자유 변형 모드로 전환합니다. ❷ Shift 를 누른 채 조절점을 드래그하여 적당한 크기로 조절하고, 배경 중앙에 배치한 후 Enter 를 눌러 적용합니다.

07 레이어 패널에서 ❶ [레이어 스타일] 🅕 아이콘을 클릭한 후 ❷ [그림자]를 선택합니다. '드롭 섀도' 레이어 스타일 창에서 ❸ 혼합 모드: 곱하기, 불투명도: 50%, 각도: 140°, 거리: 30픽셀, 스프레드: 0%, 크기: 18픽셀로 설정한 후 ❹ [확인]을 클릭하여 레이어 스타일을 적용합니다.

08 **배경 꾸미기** ❶ [파일]−[고급 개체로 열기] 메뉴를 선택한 후 **스킨미소로고.png** 파일을 찾아 불러옵니다. 도구 패널에서 ❷ [이동 도구] ⊕를 선택한 후 '폼클렌징 상품페이지' 작업 창으로 불러온 이미지를 드래그하여 복제합니다.

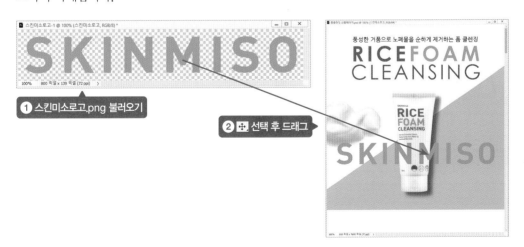

❶ 스킨미소로고.png 불러오기

❷ ⊕ 선택 후 드래그

09 레이어 패널에서 ❶ [레이어 스타일] *fx* 아이콘을 클릭한 후 ❷ [색상 오버레이]를 선택합니다. '색상 오버레이' 스타일 창에서 ❸ **혼합 모드: 표준, 색상: 흰색(#ffffff), 불투명도: 100%**로 설정한 후 ❹ [확인]을 클릭 해서 레이어 스타일을 적용합니다.

10 하늘색 텍스트 이미지가 흰색으로 변경되었습니다. ❶ Ctrl + T 를 눌러 자유 변형 모드로 전환한 후 ❷ 조절점을 드래그하여 크기를 변경하고 하늘색 배경 오른쪽 아래에 배치한 후 Enter 를 눌러 적용합니다.

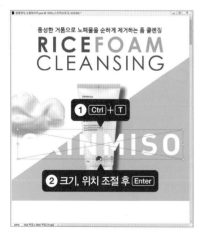

11 레이어 패널에서 **①** Ctrl 을 누른 채 '거품' 레이어부터 '스킨미소로고' 레이어까지 모두 선택한 후 Ctrl + G 를 눌러서 그룹으로 묶습니다. **②** 그룹 이름을 더블 클릭하여 **메인이미지**로 변경합니다.

12 **장식 도형 만들기** 도구 패널에서 **①** [펜 도구] ✐.를 선택한 후 옵션 패널에서 **②** 모양, **칠: 색상 없음, 획: 흰색(#ffffff), 3픽셀, 실선**으로 설정합니다. 작업 창에서 **③** 사선 배경 아래쪽 한 점을 클릭한 후 **④** 오른쪽 위를 클릭하여 사선으로 직선을 그리고 Enter 를 눌러 적용합니다.

13 계속해서 **❶** 앞서 그린 사선 아래쪽에서 왼쪽을 클릭한 후 **❷** 오른쪽 위를 클릭해서 직선을 그리고 `Enter` 를 눌러 적용합니다. 옵션 패널에서 **❸ 획: 진한하늘색(#13bfd6), 6픽셀**로 수정합니다.

14 레이어 패널에서 **❶** 2개의 실선 모양 레이어 이름을 각각 더블 클릭해서 **실선1, 실선2**로 변경합니다. 이어서 **❷** `Ctrl` 을 누른 채 '실선1', '실선2' 레이어를 클릭하여 선택합니다. 도구 패널에서 **❸ [이동 도구]** ⊕ 를 선택한 후 작업 창에서 `Alt` 를 누른 채 왼쪽 아래로 드래그하여 2개의 사선을 복제합니다.

> **TIP** 사선이 제대로 복제되지 않고 다른 레이어가 복제되었다면 [이동 도구]의 옵션 패널에서 **자동 선택** 옵션의 체크를 해제한 후 '사선1', '사선2' 레이어를 선택하고 다시 실행해 보세요. **자동 선택** 옵션에 대한 자세한 설명은 69쪽을 참고하세요.

15 도구 패널에서 ❶ [타원 도구] ⬭를 선택한 후 옵션 패널에서 ❷ 모양, 칠: 패턴(▦)−레거시 패턴 및 기타−기존 패턴−웹 패턴−점1, 획: 색상 없음으로 설정합니다. ❸ 하늘색 배경 오른쪽 아래에서 드래그하여 가로: 170픽셀, 세로: 170픽셀 크기로 원 모양을 그립니다.

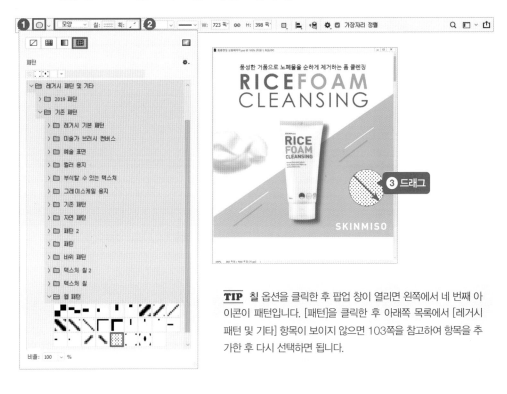

TIP 칠 옵션을 클릭한 후 팝업 창이 열리면 왼쪽에서 네 번째 아이콘이 패턴입니다. [패턴]을 클릭한 후 아래쪽 목록에서 [레거시 패턴 및 기타] 항목이 보이지 않으면 103쪽을 참고하여 항목을 추가한 후 다시 선택하면 됩니다.

16 레이어 패널에서 **혼합 모드: 나누기**로 설정하면 땡땡이 패턴을 흰색으로 합성합니다.

17 다시 한 번 작업 창에서 ❶ 드래그하여 **가로: 85픽셀, 세로: 85픽셀** 크기로 원 모양을 그리고, 옵션 패널에서 ❷ **칠: 핑크색(#fed6d6)**으로 수정합니다.

> **TIP** 칠 옵션을 클릭한 후 팝업 창에서 오른쪽 위에 있는 [컬러 피커] 아이콘을 클릭하면 색상 값을 입력하여 색상을 변경할 수 있습니다.

18 레이어 패널에서 ❶ 타원 모양의 레이어 이름을 각각 더블 클릭하여 **타원1, 타원2**로 변경합니다. 그런 다음 ❷ '실선1' 레이어부터 '타원2' 레이어까지 모두 선택하고 Ctrl + G 를 눌러서 그룹으로 묶습니다. ❸ 그룹 이름을 더블 클릭하여 **장식-메인**으로 변경합니다.

> **TIP** 복수 선택할 레이어 개수가 적을 때는 Ctrl 을 누른 채 선택할 레이어를 모두 클릭하면 됩니다. 하지만 선택할 레이어가 많고 연속으로 배치되어 있을 때는 한쪽 끝에 있는 레이어를 선택한 후 Shift 를 누른 채 나머지 한쪽을 클릭해서 일괄 선택할 수 있습니다.

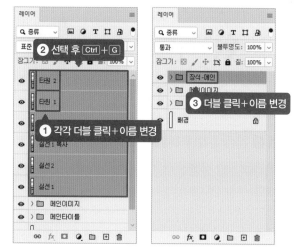

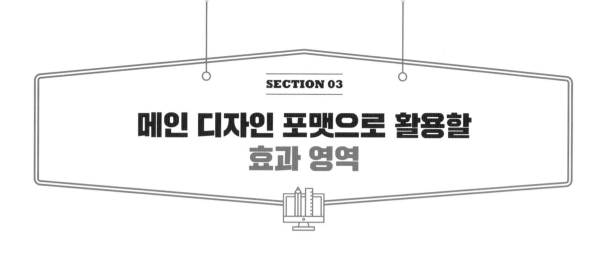

SECTION 03

메인 디자인 포맷으로 활용할 효과 영역

01 새로운 영역 만들기 도구 패널에서 ❶ [사각형 도구] ▭를 선택한 후 옵션 패널에서 ❷ **모양**, **칠: 하늘색(#e0f7f9)**, **획: 색상 없음**으로 설정합니다. 작업 창에서 ❸ 메인 이미지 영역 아래쪽을 드래그하여 **가로: 860픽셀, 세로: 960픽셀** 크기로 직사각형 모양을 그립니다.

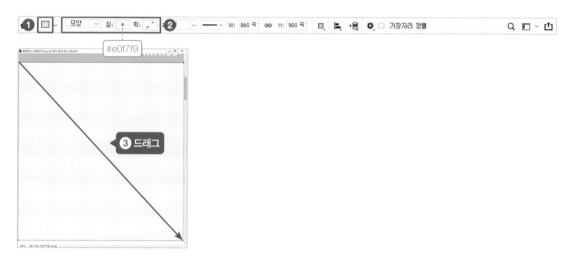

02 장식 복제 및 수정하기 레이어 패널에서 ❶ 사각형 모양 레이어 이름을 더블 클릭하여 **배경색상**으로 변경합니다. ❷ 사선과 원형이 포함된 '장식 – 메인' 그룹을 선택한 후 ❸ `Alt`를 누른 채 '배경색상' 레이어 위로 드래그하여 복제합니다. ❹ 복제한 그룹 이름을 더블 클릭하여 **장식**으로 변경합니다.

03 도구 패널에서 ❶ [이동 도구] ⊕를 선택합니다. '장식' 그룹이 선택된 상태로 작업 창에서 ❷ Shift 를 누른 채 아래쪽으로 드래그하여 다음과 같이 장식 요소를 옮긴 후 ❸ Enter 를 눌러 적용합니다. 레이어 패널에서 ❹ '장식' 그룹을 펼친 후 ❺ '실선1 복사'와 '실선2 복사' 레이어를 선택하고 Delete 를 눌러 삭제합니다. 복제한 장식 중 왼쪽 아래에 있는 2개의 실선이 삭제됩니다.

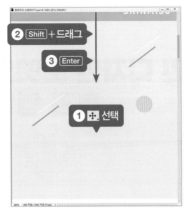

04 ❶ 두꺼운 실선에 해당하는 '실선2' 레이어를 선택합니다. 도구 패널에서 ❷ [펜 도구] ⊘를 선택한 후 옵션 패널에서 ❸ 획: 흰색(#ffffff)으로 설정을 변경합니다. 실선 색이 흰색으로 변경됩니다.

05 레이어 패널에서 ❶ Ctrl 을 누른 채 '실선1' 레이어를 클릭해서 추가로 선택합니다. 도구 패널에서 ❷ [이동 도구] ⊕를 선택하고 작업 창에서 ❸ 오른쪽 위로 드래그하여 다음과 같이 영역 오른쪽 위 끝으로 옮긴 후 Enter 를 눌러 적용합니다.

06 레이어 패널에서 ❶ '타원1' 레이어를 선택한 후 ❷ 혼합 모드: 표준으로 설정합니다. ❸ [레이어 스타일] fx 아이콘을 클릭한 후 ❹ [색상 오버레이]를 선택합니다. '색상 오버레이' 레이어 스타일 창이 열리면 ❺ 혼합 모드: 핀 라이트, 색상: 하늘색(#bcfbff), 불투명도: 100%로 설정하고 ❻ [확인]을 클릭합니다.

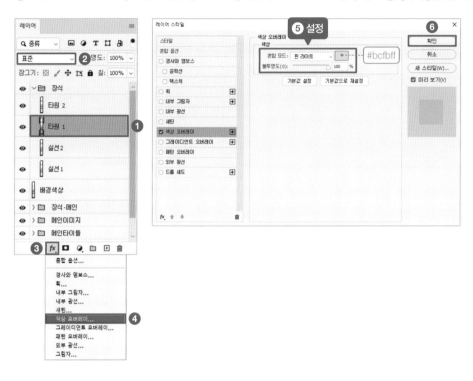

07 도구 패널에서 ❶ [이동 도구] ✛를 선택하여 작업 창에서 다음과 같이 ❷ 왼쪽 아래로 드래그하여 옮긴 후 Enter 를 눌러 적용합니다. 이어서 ❸ '타원2' 레이어를 선택한 후 다음과 같이 ❹ 왼쪽 아래로 드래그하여 옮긴 후 Enter 를 눌러 적용합니다.

08 '타원2' 레이어가 선택된 상태에서, 도구 패널에서 ❶ [타원 도구] ◎.를 선택하고 옵션 패널에서 ❷ 모양, 칠: 하늘색(#bcfbff)으로 수정합니다. 핑크색 타원이 하늘색으로 변경되면 ❸ Ctrl + T를 눌러 자유 변형 모드로 전환합니다. ❹ 조절점을 드래그하여 적당한 크기로 변경한 후 Enter 를 눌러 적용합니다. ❺ 레이어 패널에서 '장식' 그룹을 접어 마무리합니다.

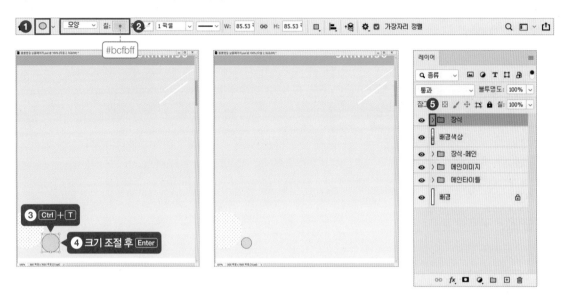

09 영역 넘버링하기 도구 패널에서 ❶ [타원 도구] ◎.를 선택한 후 옵션 패널에서 ❷ 모양, 칠: 회색 (#6f6e6e)으로 설정합니다. ❸ 효과 영역 상단 중앙에서 Shift 를 누른 채 드래그하여 가로: 115픽셀, 세로: 115픽셀 크기로 정원 모양을 그립니다.

TIP 모양을 그릴 때 Shift 를 누른 채 드래그하면 정원, 정사각형 등을 그릴 수 있습니다.

10 레이어 패널에서 추가된 모양 레이어 이름을 더블 클릭하여 **원**으로 변경합니다.

> **TIP** 레이어 패널에서 접힌 그룹을 선택한 후 새로운 모양을 그리면 선택한 그룹 위에 모양 레이어가 추가됩니다. 펼친 그룹을 선택한 상태로 새로운 모양을 그리면 해당 그룹 안쪽으로 모양 레이어가 추가됩니다.

11 도구 패널에서 ❶ [수평 문자 도구] T를 선택한 후 옵션 패널에서 ❷ **글꼴: 나눔고딕, Regular, 크기: 48pt, 안티알리아싱(aa): 선명하게, 정렬: 가운데 정렬(≣), 색상: 흰색(#ffffff)**으로 설정합니다. 작업 창에서 ❸ Shift 를 누른 채 회색 원 중앙을 클릭하여 **01**을 입력하고 ❹ Ctrl + Enter 를 눌러 입력을 마칩니다.

> **TIP** 모양 레이어 위에 텍스트를 입력하기 위해 바로 클릭하면 해당 모양이 텍스트 영역으로 인식됩니다. 그러면 원하는 위치에 텍스트를 배치하기 어렵습니다. 이럴 때 Shift 를 누른 채 클릭하면 아래에 있는 모양 레이어를 무시하고 원하는 위치에 텍스트를 입력할 수 있습니다.

12 **영역 제목 입력하기** ❶ 회색 원 아래를 클릭해서 텍스트 레이어를 추가하고(편집 모드로 전환) 옵션 패널에서 ❷ **크기: 44pt, 색상: 회색(#6b6b6b)**으로 설정을 변경합니다. ❸ 영역 제목의 첫 줄에 해당하는 텍스트를 입력하고 Ctrl + Enter 를 눌러 입력을 마칩니다.

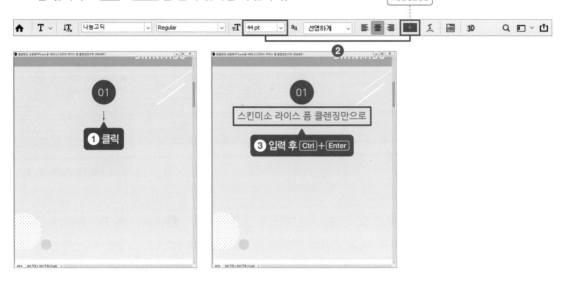

13 ❶ 다시 아래쪽을 클릭해서 텍스트 레이어를 추가합니다. 옵션 패널에서 ❷ **글꼴: 야놀자 야체, 크기: 80pt, 색상: 검은색(#000000)**으로 설정을 변경한 후 ❸ 제목 중 핵심 텍스트를 입력하고 Ctrl + Enter 를 눌러 입력을 마칩니다.

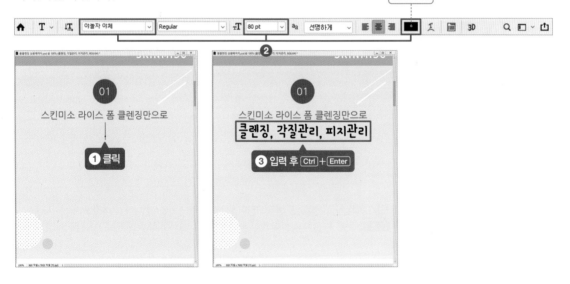

14 ❶ 또 다시 아래쪽을 클릭해서 텍스트 레이어를 추가합니다. 옵션 패널에서 ❷ **글꼴: 나눔고딕, 크기: 44pt, 색상: 하늘색(#13bfd6)**으로 설정한 후 ❸ 제목의 마지막 텍스트를 입력하고 Ctrl + Enter 를 눌러 입력을 마칩니다.

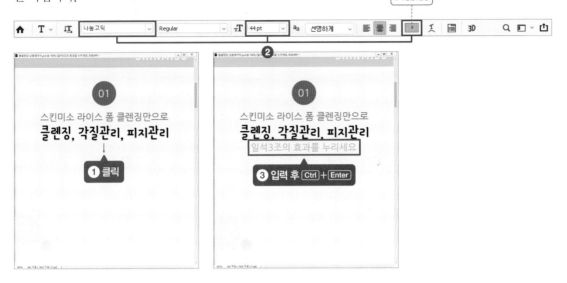

15 레이어 패널에서 ❶ '원' 레이어부터 3개의 텍스트 레이어까지 모두 선택한 후 Ctrl + G 를 눌러서 그룹으로 묶습니다. ❷ 그룹 이름을 더블 클릭하여 **제목**으로 변경하면 기본 포맷이 완성됩니다.

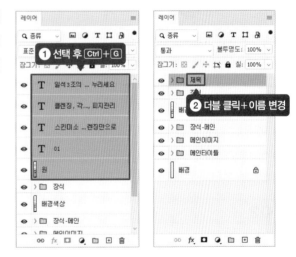

간단한 일러스트로 표현한 제품 효과 영역

01 **배경 만들기** 도구 패널에서 ❶ [사각형 도구] 🔲를 선택한 후 옵션 패널에서 ❷ **모양, 칠: 흰색(#ffffff),
획: 회색(#c9c9c9), 1픽셀, 실선**으로 설정합니다. 작업 창에서 ❸ 드래그하여 **가로: 770픽셀, 세로: 300픽셀**
크기로 직사각형 모양을 그립니다.

02 레이어 패널에서 ❶ 추가된 모양 레이어 이름을 더블 클릭하여 **사각배경**으
로 변경합니다. 그런 다음 ❷ [레이어 스타일] 🔣 아이콘을 클릭한 후 ❸ [그림
자]를 선택합니다.

03 '드롭 섀도' 레이어 스타일 창이 열리면 ❶ **혼합 모드: 곱하기, 색상: 검은색(#000000), 불투명도: 30%, 각도: 130˚, 거리: 30픽셀, 스프레드: 0%, 크기: 0px**로 설정한 후 ❷ **[확인]**을 클릭해서 그림자 효과를 적용합니다.

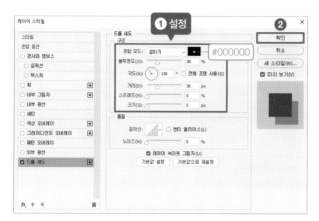
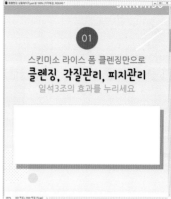

04 **일러스트 배치하기** ❶ **[파일]**−**[고급 개체로 열기]** 메뉴를 선택한 후 **아이콘01.png** 파일을 찾아 불러옵니다. 도구 패널에서 ❷ **[이동 도구]** ⊕를 선택한 후 '폼클렌징 상품페이지' 작업 창으로 불러온 이미지를 드래그하여 복제합니다.

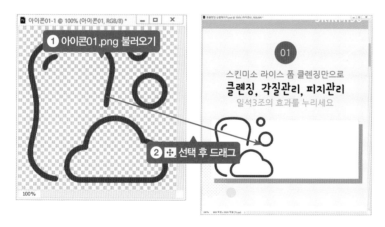

05 ❶ Ctrl + T 를 눌러 자유 변형 모드로 전환한 후 다음과 같이 ❷ 일러스트의 크기와 위치를 조절하고, Enter 를 눌러 적용합니다. ❸ 같은 방법으로 **아이콘02.png**, **아이콘03.png** 파일도 불러와 배치합니다.

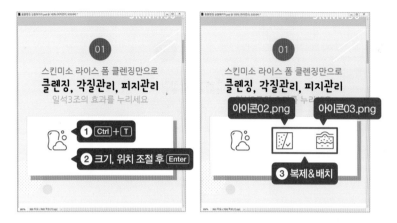

06 **일러스트 채색하기** 레이어 패널에서 ❶ [새 레이어] fx 아이콘을 클릭하여 레이어를 추가합니다. ❷ 새 레이어의 이름을 더블 클릭하여 **포인트컬러**로 변경한 후 ❸ '아이콘01' 레이어 아래로 드래그합니다. 도구 패널에서 ❹ 전경색 을 **핑크색(#fed6d6)**으로 설정한 후 ❺ **[브러시 도구]** 를 선택합니다.

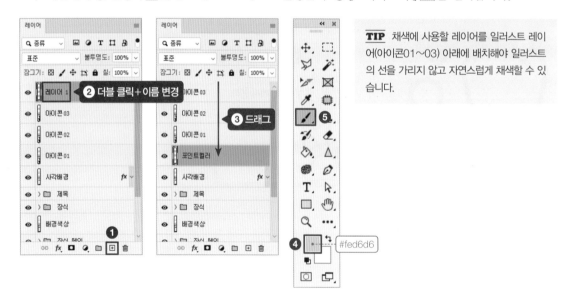

TIP 채색에 사용할 레이어를 일러스트 레이어(아이콘01~03) 아래에 배치해야 일러스트의 선을 가리지 않고 자연스럽게 채색할 수 있습니다.

07 브러시 도구 옵션 패널에서 ❶ 브러시 옵션을 클릭하여 ❷ **종류: 일반 브러시-선명한 원, 크기: 20픽셀**로 설정합니다. 다음으로 옵션 패널에서 ❸ **모드: 표준, 불투명도: 100%, 흐름: 50%**로 설정한 후 작업 창에서 다음과 같이 ❹ 일러스트 위를 드래그하여 색을 칠해 꾸며 줍니다.

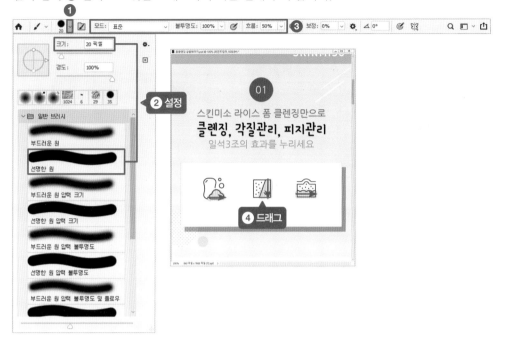

08 **텍스트 입력하기** 레이어 패널에서 ❶ 맨 위에 있는 '아이콘03' 레이어를 선택합니다. 도구 패널에서 ❷ **[수평 문자 도구]** T 를 선택한 후 옵션 패널에서 ❸ **글꼴: 나눔고딕, Regular, 크기: 30pt, 안티알리아싱 (aa): 선명하게, 정렬: 가운데 정렬(틀), 색상: 검은색(#000000)**으로 설정합니다.

09 다음과 같이 **①** 각 일러스트 아래를 클릭해서 특징을 입력하고 `Ctrl`+`Enter`를 눌러 입력을 마칩니다. 레이어 패널에서 **②** '사각배경' 레이어부터 특징 텍스트 레이어까지 모두 선택한 후 `Ctrl`+`G`를 눌러서 그룹으로 묶습니다. **③** 그룹 이름을 더블 클릭하여 **내용**으로 변경합니다.

10 **영역 디자인 마무리하기** 레이어 패널에서 **①** `Ctrl`을 누른 채 '배경색상' 레이어와 '장식', '제목', '내용' 그룹을 클릭해서 선택하고 `Ctrl`+`G`를 눌러 그룹으로 묶습니다. **②** 그룹 이름을 더블 클릭하여 **효과**로 변경합니다.

신뢰도를 높여줄
SNS 후기 영역

01 영역 복제하기 레이어 패널에서 ❶ '효과' 그룹을 선택합니다. 도구 패널에서 ❷ [이동 도구] ⊹ 를 선택한 후 작업 창에서 ❸ Shift + Alt 를 누른 채 아래로 드래그하여 그룹을 그대로 복제합니다. ❹ 복제한 그룹 이름을 더블 클릭하여 **후기**로 변경합니다.

TIP [이동 도구]를 선택하고 옵션 패널에서 **자동 선택** 옵션의 체크를 해제한 후 드래그하세요.

02 레이어 패널에서 ❶ '후기' 그룹을 펼칩니다. ❷ Ctrl 을 누른 채 '내용' 그룹과 '배경색상' 레이어를 클릭하여 선택하고 Delete 를 눌러 삭제합니다.

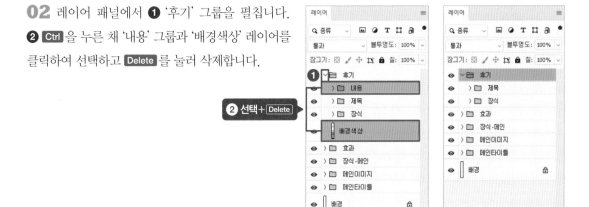

03 '후기' 그룹에 남은 ❶ '장식' 그룹을 펼치고 ❷ '실선1', '실선2' 레이어를 선택합니다. 도구 패널에서 ❸ [펜 도구] ✏️를 선택한 후 옵션 패널에서 ❹ **획: 하늘색(#68ebf3)**으로 설정을 변경해서 실선의 색을 변경합니다. 레이어 패널에서 ❺ '장식' 그룹을 접습니다.

04 이번에는 ❶ '후기' 그룹에서 '제목' 그룹을 펼치고 ❷ '일석3조…' 텍스트 레이어와 '01' 레이어, '원' 레이어를 선택한 후 Delete 를 눌러 삭제합니다. ❸ '제목' 그룹을 선택합니다. 도구 패널에서 ❹ [이동 도구] ✛를 선택한 후 작업 창에서 ❺ Shift 를 누른 채 위로 드래그하여 영역 상단에 텍스트를 배치합니다.

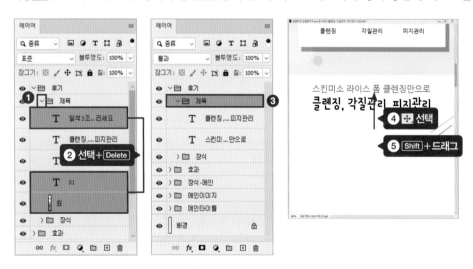

05 텍스트 변경하기 도구 패널에서 ❶ [수평 문자 도구] [T]를 선택한 후 작업 창에서 ❷ 영역 상단에 있는 각 텍스트를 클릭합니다. 텍스트 편집 모드가 되면 영역에 맞게 내용을 변경한 후 ❸ Ctrl + Enter 를 눌러 입력을 마치고 ❹ 레이어 패널에서 '제목' 그룹을 접습니다.

06 만족도 표현하기 도구 패널에서 ❶ [타원 도구] [◯]를 선택한 후 옵션 패널에서 ❷ **모양, 칠: 하늘색** (#68ebf3), **획: 색상 없음**으로 설정합니다. 작업 창에서 ❸ Shift 를 누른 채 드래그하여 **가로: 205픽셀, 세로: 205픽셀** 크기로 정원 모양을 그립니다.

07 ❶ 정원 모양 레이어 이름을 더블 클릭하여 **하늘색원**으로 변경합니다. 이어서 ❷ Ctrl + J 를 눌러 레이어를 복제합니다.

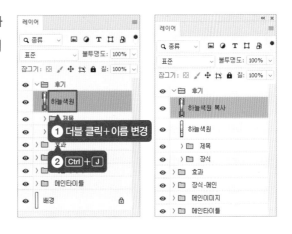

08 복제한 정원이 선택된 상태로 옵션 패널에서 **획: 흰색(#ffffff), 5픽셀, 땡땡이 점선**으로 수정합니다. 하늘색 정원에 점선 테두리가 생깁니다.

09 그대로 **❶** Ctrl + T 를 눌러 자유 변형 모드로 전환합니다. **❷** Shift + Alt 를 누른 채 조절점을 안쪽으로 드래그해서 **가로: 180픽셀, 세로: 180픽셀** 크기로 조절하고 Enter 를 눌러 적용합니다. 레이어 패널에서 **❸** 레이어 이름을 더블 클릭하여 **흰색점선원**으로 변경합니다.

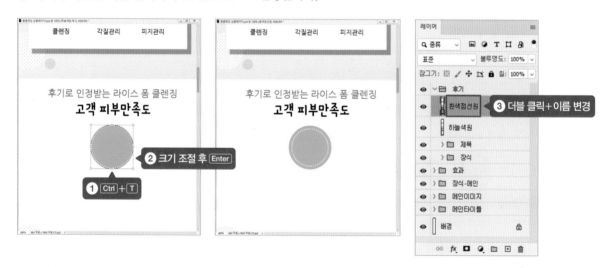

> **TIP** Alt 를 누른 채 조절점을 드래그하면 현재 위치에 고정된 상태로 크기를 조절할 수 있습니다. 또한 Shift 를 누른 채 조절점을 드래그하면 현재 비율을 유지한 상태로 크기를 조절할 수 있습니다.

10 도구 패널에서 ❶ [수평 문자 도구] **T**를 선택한 후 옵션 패널에서 ❷ 글꼴: 나눔고딕, Regular, 크기: 100pt, 안티알리아싱(**ªª**): 선명하게, 정렬: 가운데 정렬(**≡**), 색상: 검은색(#000000)으로 설정합니다. 작업 창에서 ❸ **Shift**를 누른 채 하늘색 원 안을 클릭하여 ❹ 98을 입력하고 **Ctrl**+**Enter**를 눌러 입력을 마칩니다.

11 [수평 문자 도구] 옵션 패널에서 ❶ 크기: 40pt로 설정을 변경합니다. ❷ '98' 오른쪽을 클릭하여 **%**를 입력한 후 ❸ **Ctrl**+**Enter**를 눌러 입력을 마칩니다.

12 SNS 인증 사진 배치하기 ❶ [파일]–[고급 개체로 열기] 메뉴를 선택하여 **인스타그램01.jpg** 파일을 찾아 불러옵니다. 도구 패널에서 ❷ [이동 도구]➕를 선택한 후 '폼클랜징 상품 페이지' 작업 창으로 불러온 이미지를 드래그하여 복제합니다.

13 ❶ Ctrl + T 를 눌러 자유 변형 모드로 전환한 후 ❷ 조절점을 드래그하여 **가로: 320픽셀, 세로: 500픽셀** 크기로 조절하고 Enter 를 눌러 적용합니다.

14 ❶ 같은 방법으로(고급 개체로 열기) **인스타그램02.jpg** 파일을 불러온 후 복제해서 배치하고 다음과 같이 크기 (320×500)와 위치를 조절합니다. 레이어 패널에서 ❷ '후기' 그룹을 접어 후기 영역 디자인을 완료합니다.

친환경성과 안전함을 표현한
재료 영역

01 **그룹 복제하기** 레이어 패널에서 ❶ 디자인 포맷으로 활용할 '효과' 그룹을 선택합니다. 도구 패널에서 ❷ [이동 도구] ⊕를 선택한 후 작업 창에서 ❸ `Shift` + `Alt` 를 누른 채 후기 영역 아래로 드래그하여 새로운 영역으로 복제합니다.

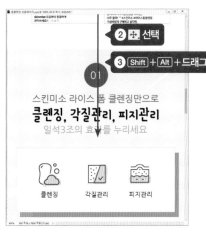

02 레이어 패널에서 ❶ 복제한 그룹 이름을 더블 클릭하여 **재료**로 변경한 후 ❷ '후기' 그룹 위쪽으로 드래그하여 옮깁니다.

03 텍스트 수정하기 도구 패널에서 ❶ [수평 문자 도구] **T**를 선택합니다. 작업 창에서 ❷ '01'부터 '일석 3조의~' 텍스트 레이어까지 순서대로 각각 클릭해서 내용을 수정하고 ❸ Ctrl + Enter 를 눌러 입력을 마칩니다.

TIP 작업 창에서 각 텍스트를 클릭하여 수정하고 수정이 끝날 때마다 Ctrl + Enter 를 눌러야 합니다. 이렇게 총 4개의 텍스트 레이어를 수정합니다.

04 네 번째 텍스트 레이어(세안 후에도~)까지 수정했다면 [**수평 문자 도구**]의 옵션 패널에서 **색상: 핑크색** (#eb5269)으로 변경합니다. 하늘색 텍스트가 핑크색으로 변경됩니다.

05 기존 레이어 정리하기 '재료' 그룹에서 텍스트를 수정하느라 자동으로 펼쳐진 ❶ '제목' 그룹을 접고 ❷ '내용' 그룹을 펼칩니다. ❸ 특징을 표현한 '피지관리' 텍스트 레이어부터 '포인트컬러' 레이어까지 모두 선택한 후 Delete 를 눌러 삭제합니다. ❹ 남아 있는 '사각배경' 레이어를 선택합니다.

06 재료 배치 영역 만들기 ❶ Ctrl + T 를 눌러 자유 변형 모드로 전환합니다. 작업 창에서 ❷ Shift 를 누른 채 사각 배경의 오른쪽 중앙 모서리를 왼쪽으로 드래그하여 **가로: 257픽셀** 크기로 줄인 후 ❸ Enter 를 눌러 적용합니다.

07 도구 패널에서 ❶ [이동 도구] ⊕.를 선택한 후 작업 창에서 ❷ Shift + Alt 를 누른 채 오른쪽으로 2번 드래그하여 복제해 총 3개의 사각 영역을 배치합니다. 레이어 패널에서 ❸ 3개의 모양 레이어의 이름을 각 각 더블 클릭해서 **사진영역1**, **사진영역2**, **사진영역3**으로 변경합니다.

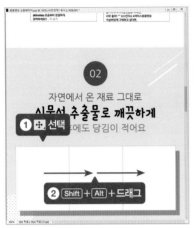

> **TIP** 기존에 있던 '사각배경' 레이어가 '사진 영역1', 복제한 2개의 레이어가 각각 '사진영 역2', '사진영역3' 레이어가 됩니다.

08 레이어 패널에서 ❶ 첫 번째 영역인 '사진영역1' 레이어를 선택합니다. ❷ [파일]-[고급 개체로 열기] 메뉴를 선택하여 **재료-쌀.jpg** 파일을 찾아 불러옵니다. 도구 패널에서 ❸ [이동 도구] ⊕.를 선택한 후 '폼클 렌징 상품페이지' 작업 창으로 쌀 이미지를 드래그하여 첫 번째 재료 영역에 겹치도록 배치합니다.

09 ❶ Ctrl + Alt + G 를 눌러 클리핑 마스크를 적용합니다. 쌀 이미지가 첫 번째 재료 영역에만 표시됩니다. ❷ 같은 방법으로 '사진영역2' 레이어를 선택한 후 **재료-감초.jpg** 이미지를, '사진영역3' 레이어를 선택한 후 **재료-녹차.jpg** 이미지를 불러와 클리핑 마스크로 배치합니다.

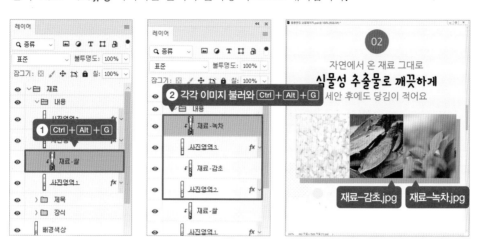

10 **텍스트 입력하기** 도구 패널에서 ❶ [수평 문자 도구] T 를 선택한 후 옵션 패널에서 ❷ 글꼴: 나눔고딕, Regular, 크기: 30pt, 안티알리아싱(ᵃᵃ): 선명하게, 정렬: 가운데 정렬(畺), 색상: 검은색(#000000)으로 설정합니다. 작업 창에서 ❸ 각 재료 아래쪽을 클릭하여 재료명을 입력하고 ❹ Ctrl + Enter 를 눌러 입력을 마칩니다.

11 영역 테마 색 변경하기 레이어 패널에서 ❶ '내용' 그룹을 닫고, '재료' 그룹에 있는 ❷ '배경색상' 레이어를 선택합니다. 도구 패널에서 ❸ [사각형 도구] □를 선택한 후 옵션 패널에서 ❹ **칠: 핑크색(#f7ebed)**으로 설정을 변경하여 배경 색상을 핑크색으로 바꿉니다.

12 ❶ '장식' 그룹을 펼치고 ❷ '타원1' 레이어에 있는 ❸ [레이어 스타일] *fx* 아이콘을 더블 클릭합니다. 레이어 스타일 창이 열리면 ❹ [색상 오버레이]를 선택한 후 ❺ **색상: 핑크색(#f7ebed)**으로 설정하고 ❻ [확인]을 클릭합니다. 왼쪽 아래에 있는 하늘색 패턴이 핑크색 패턴으로 바뀝니다.

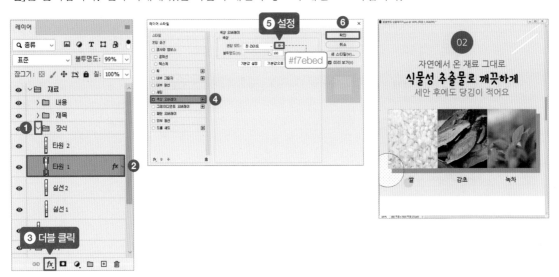

13 이번에는 ❶ '타원2' 레이어를 선택합니다. 도구 패널에서 ❷ [타원 도구] ◯.를 선택한 후 옵션 패널에서 ❸ **칠: 핑크색(#ffbccd)**으로 설정을 변경합니다. 왼쪽 아래에 있는 작은 하늘색 원이 핑크색으로 바뀝니다.

14 레이어 패널에서 ❶ '장식' 그룹을 접고, 이어서 ❷ '재료' 그룹을 접어 재료 영역 디자인을 완료합니다.

말풍선으로 귀엽게 표현한
사용감 영역

01 배경 이미지 배치하기 ❶ [파일]-[고급 개체로 열기] 메뉴를 선택한 후 **폼클렌징연출.jpg** 파일을 찾아 불러옵니다. 도구 패널에서 ❷ [이동 도구] ⊕.를 선택한 후 '폼클렌징 상품페이지' 작업 창으로 불러온 이미지를 드래그하여 재료 영역 아래쪽에 배치합니다.

02 **영역 제목 입력하기** 도구 패널에서 ❶ [수평 문자 도구] T 를 선택한 후 옵션 패널에서 ❷ 글꼴: 나눔고
딕, Regular, 크기: 44pt, 안티알리아싱(ᵃₐ): 선명하게, 정렬: 가운데 정렬(三), 색상: 검은색(#000000)으로 설
정합니다. 작업 창에서 ❸ 배경 이미지 위를 클릭하여 다음과 같이 텍스트를 입력하고 ❹ Ctrl + Enter 를 눌
러 입력을 마칩니다.

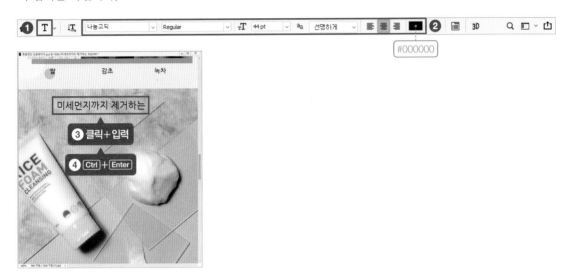

03 [수평 문자 도구] 옵션 패널에서 ❶ 글꼴: 야놀자 야체, 크기: 80pt로 설정을 변경합니다. 작업 창에서
❷ 두 번째 줄을 클릭하여 다음과 같이 텍스트를 입력하고 ❸ Ctrl + Enter 를 눌러 입력을 마칩니다.

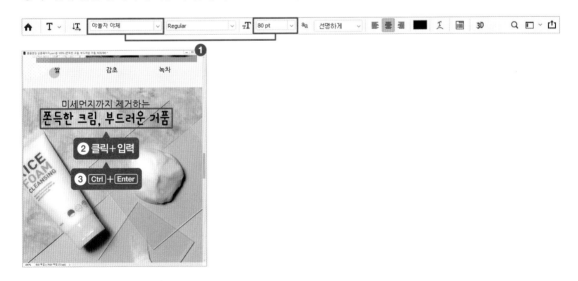

04 마지막으로 옵션 패널에서 **❶ 글꼴: 나눔고딕, 크기: 44pt, 색상: 핑크색(#eb5269)**으로 설정하여 **❷** 세 번째 줄에 텍스트를 입력한 후 **❸** `Ctrl` + `Enter` 를 눌러 입력을 마칩니다.

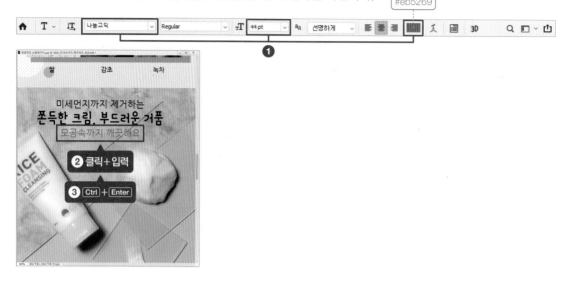

05 **말풍선 추가하기** 도구 패널에서 **❶ [사용자 정의 모양 도구]** ☑️를 선택한 후 옵션 패널에서 **❷ 모양, 칠: 흰색(#ffffff), 획: 색상 없음**으로 설정합니다. **❸ 모양** 옵션을 클릭한 후 팝업 창에서 **❹ [레거시 모양 및 기타 – 모든 레거시 기본 모양 – 말풍선 – 대화6]**을 선택합니다. 작업 창에서 **❺** 드래그하여 말풍선 모양을 그립니다.

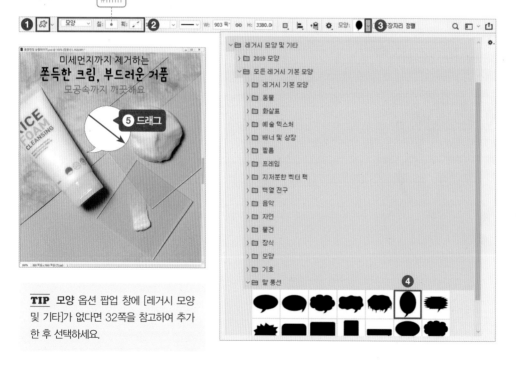

> **TIP** 모양 옵션 팝업 창에 [레거시 모양 및 기타]가 없다면 32쪽을 참고하여 추가한 후 선택하세요.

06 ❶ [편집]-[패스 변형]-[가로로 뒤집기] 메뉴를 선택합니다. 말풍선이 좌우 반전되면 ❷ `Ctrl`+`T` 를 눌러 ❸ 자유 변형 모드로 전환해 다음과 같이 크기와 위치를 조정합니다.

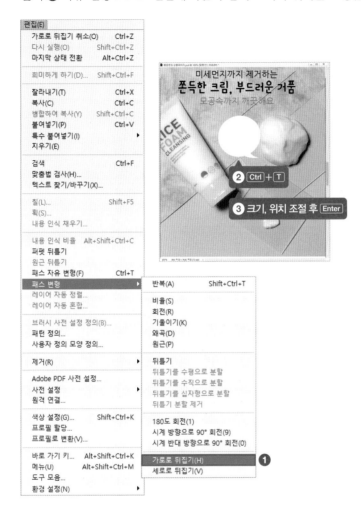

07 레이어 패널에서 **❶** 말풍선 레이어 이름을 더블 클릭하여 **말풍선1**로 변경합니다. 그런 다음 **❷** [레이어 스타일] _fx_ 아이콘을 클릭한 후 **❸** [그림자]를 선택합니다.

08 '드롭 섀도' 레이어 스타일 창에서 **❶ 혼합 모드: 곱하기, 색상: 검은색(#000000), 불투명도: 30%, 각도: 130°, 거리: 30px, 스프레드: 0%, 크기: 0px**로 설정 후 **❷** [확인]을 클릭합니다. 말풍선에 그림자 효과가 적용됩니다.

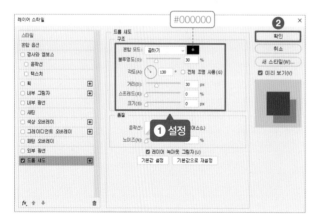

09 말풍선 텍스트 입력하기 도구 패널에서 ① [수평 문자 도구] **T**를 선택한 후 옵션 패널에서 ② **글꼴:**
야놀자 야체, Regular, 크기: 30pt, 안티알리아싱(ᵃₐ): 선명하게, 정렬: 가운데 정렬(를), 색상: 검은색(#000000)
으로 설정합니다. 작업 창에서 ③ Shift 를 누른 채 말풍선 위를 클릭하여 ④ 텍스트를 입력하고 Ctrl + Enter
를 눌러 입력을 마칩니다.

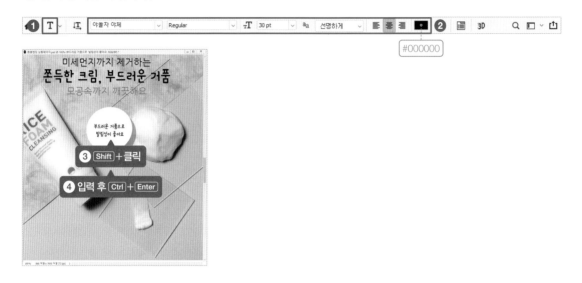

10 레이어 패널에서 ① Ctrl 을 누른 채 '말풍선1' 레이어와 텍스트 레이어를 클릭해서 선택합니다. 도구
패널에서 ② [이동 도구] ⊕를 선택한 후 작업 창에서 ③ Alt 를 누른 채 아래로 드래그하여 말풍선과 텍스
트를 복제합니다.

11 도구 패널에서 ❶ [수평 문자 도구] **T**를 선택한 후 ❷ 복제한 말풍선의 텍스트를 클릭합니다. 텍스트 편집 모드가 되면 ❸ 내용을 수정한 후 **Ctrl**+**Enter**를 눌러 입력을 마칩니다.

12 ❶ 배경 이미지인 '폼클렌징연출' 레이어부터 마지막 텍스트 레이어까지 모두 선택한 후 **Ctrl**+**G**를 눌러서 그룹으로 묶습니다. ❷ 그룹 이름을 더블 클릭하여 **장점**으로 변경합니다. 사용감 영역 디자인이 완료되었습니다.

해시태그 느낌으로 꾸민
추천 영역

01 **그룹 복제하여 정리하기** 레이어 패널에서 ❶ '효과' 그룹을 선택합니다. 도구 패널에서 ❷ [이동 도구] 를 선택한 후 작업 창에서 ❸ Shift + Alt 를 누른 채 사용감 영역 아래로 드래그하여 복제합니다.

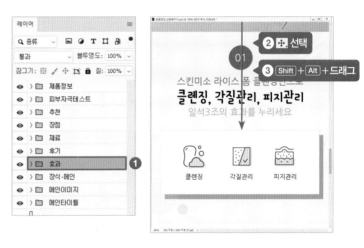

02 레이어 패널에서 ❶ 복제한 그룹 이름을 더블 클릭하여 **추천**으로 변경하고 ❷ 드래그하여 '장점' 그룹 위로 옮깁니다.

03 ❶ '추천' 그룹을 펼친 후 ❷ '내용' 그룹을 선택하여 Delete 를 눌러 삭제합니다. ❸ 다시 '추천' 그룹을 선택합니다.

04 **텍스트 수정하기** 도구 패널에서 ❶ [수평 문자 도구] T를 선택한 후 작업 창에서 ❷ '01'을 클릭하여 03으로 수정하고 Ctrl + Enter 를 눌러 입력을 마칩니다. 나머지 3줄의 텍스트도 각각 클릭하여 수정한 후 Ctrl + Enter 를 눌러 입력을 마칩니다.

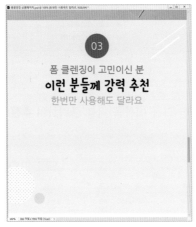

05 자동으로 펼쳐진 '제목' 그룹을 접어 기본 영역 편집을 마칩니다.

06 해시태그 표현하기 도구 패널에서 ❶ [모서리가 둥근 직사각형 도구] ▢.를 선택한 후 옵션 패널에서 ❷ 모양, 칠: 하늘색(#66ebf2), 획: 색상 없음, 반경: 50픽셀로 설정합니다. 작업 창에서 ❸ 드래그하여 **가로: 425픽셀, 세로: 67픽셀** 크기로 둥근 사각형 모양을 그립니다.

TIP 포토샵 2021부터는 [모서리가 둥근 직사각형 도구]가 없어졌습니다. 그러므로 [사각형 도구]를 선택한 후 옵션 패널에서 [둥근 모퉁이 반경 설정] 값을 [반경] 옵션 값만큼 설정하면 됩니다.

07 도구 패널에서 ❶ [수평 문자 도구] T.를 선택한 후 옵션 패널에서 ❷ 글꼴: 나눔고딕, Regular, 크기: 26pt, 안티알리아싱(ªª): 선명하게, 왼쪽 정렬(▤), 색상: 검은색(#000000)으로 설정합니다. ❸ Shift 를 누른 채 하늘색 사각형 모양 위를 클릭하여 ❹ 텍스트를 입력하고 Ctrl + Enter 를 눌러 입력을 마칩니다.

08 도구 패널에서 ❶ [모서리가 둥근 직사각형 도구] ▢ 를 선택한 후 옵션 패널에서 ❷ **칠: 흰색(#ffffff),
획: 회색(#999999), 2픽셀**로 설정을 변경합니다. 작업 창에서 ❸ 드래그하여 **가로: 188픽셀, 세로: 67픽셀** 크
기로 모서리가 둥근 사각형 모양을 그립니다.

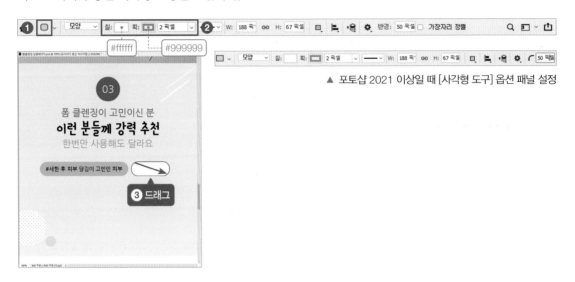

▲ 포토샵 2021 이상일 때 [사각형 도구] 옵션 패널 설정

09 도구 패널에서 ❶ [수평 문자 도구] T 를 선택한 후 옵션 패널에서 ❷ **색상: 하늘색(#15c0d6)**으로 설정
을 변경합니다. ❸ Shift 를 누른 채 흰색 사각형 위를 클릭하여 ❹ 텍스트를 입력하고 Ctrl + Enter 를 눌러
입력을 마칩니다.

10 ① 같은 방법으로 **칠: 회색(#dcdcdc)**으로 둥근 사각형을 그리고 **색상: 검은색(#000000)**으로 텍스트를 입력하여 세 번째 해시태그까지 완성합니다. ② 완성한 세 가지 해시태그를 복제하거나 위와 같은 방법으로 추가하여 전체 해시태그를 완성합니다.

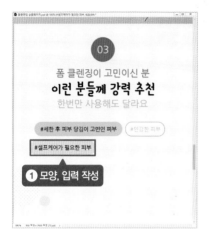
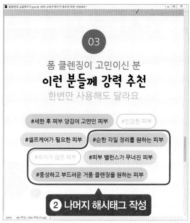

11 '추천' 그룹을 닫아 추천 영역 디자인을 완료합니다.

01 **제목 텍스트 입력하기** 도구 패널에서 ❶ [수평 문자 도구] **T.**를 선택한 후 옵션 패널에서 ❷ **글꼴: 나눔고딕, Regular, 크기: 44pt, 안티알리아싱(ᵃₐ): 선명하게, 가운데 정렬(三), 색상: 회색(#6b6b6b)**으로 설정합니다. ❸ 피부자극 테스트 영역 상단을 클릭하여 제목 텍스트를 입력하고 ❹ Ctrl + Enter 를 눌러 입력을 마칩니다.

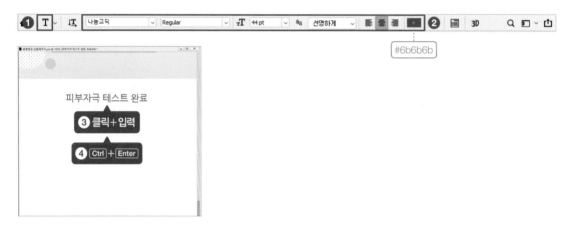

02 ❶ 제목 아래쪽을 클릭하여 텍스트 입력 모드로 전환한 후 옵션 패널에서 ❷ **글꼴: 야놀자 야체, Regular, 크기: 80pt, 색상: 검은색(#000000)**으로 설정합니다. ❸ 텍스트를 입력하고 Ctrl + Enter 를 눌러 입력을 마칩니다.

03 **인증서 배치하기** ❶ [파일]−[고급 개체로 열기] 메뉴를 선택한 후 **피부자극테스트.png** 파일을 찾아 불러옵니다. 도구 패널에서 ❷ [이동 도구] ⊕ 를 선택한 후 '폼클렌징 상품페이지' 작업 창으로 불러온 이미지를 드래그하여 복제합니다.

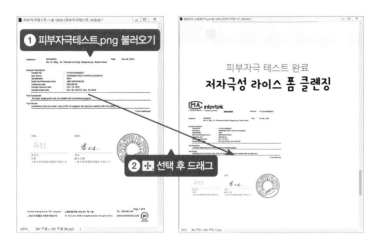

04 ❶ Ctrl + T 를 눌러 자유 변형 모드로 전환한 후 ❷ 조절점을 드래그하여 **가로: 220픽셀, 세로: 312픽셀** 크기로 조절하고 Enter 를 눌러 적용합니다.

05 레이어 패널에서 ❶ [레이어 스타일] 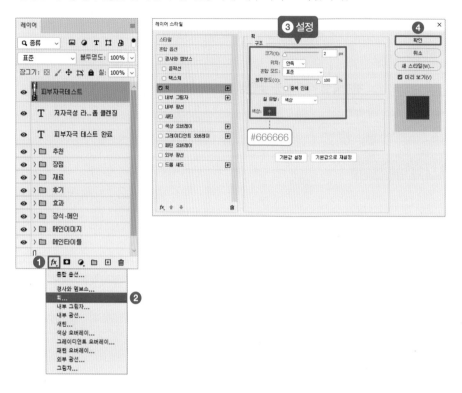 아이콘을 클릭한 후 ❷ [획]을 선택합니다. '획' 레이어 스타일 창에서 ❸ 크기: 2픽셀, 위치: 안쪽, 혼합 모드: 표준, 불투명도: 100%, 칠 유형: 색상, 색상: 회색(#666666)으로 설정한 후 ❹ [확인]을 클릭합니다. 인증서에 테두리가 그려집니다.

06 주요 내용 입력하기 도구 패널에서 ❶ [수평 문자 도구] T를 선택한 후 옵션 패널에서 ❷ 글꼴: 나눔고딕 Regular, 크기: 20pt, 안티알리아싱(ⁿ): 선명하게, 정렬: 왼쪽 정렬(), 색상: 검은색(#000000)으로 설정합니다. ❸ 문자 패널을 열고 ❹ 행간: 40pt로 설정합니다.

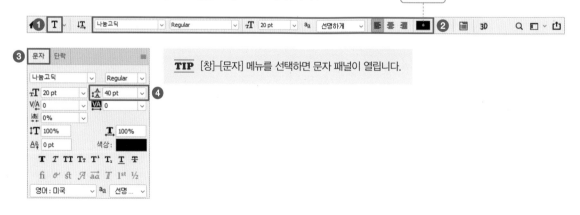

TIP [창]-[문자] 메뉴를 선택하면 문자 패널이 열립니다.

07 ❶ 인증서 오른쪽 여백을 클릭하여 다음과 같이 인증서의 주요 내용을 입력하고 ❷ `Ctrl` + `Enter` 를 눌러 입력을 마칩니다. 레이어 패널에서 ❸ '피부자극~' 텍스트 레이어부터 '시험기간~' 텍스트 레이어까지 모두 선택한 후 `Ctrl` + `G` 를 눌러서 그룹으로 묶습니다. ❹ 그룹 이름을 더블 클릭하여 **피부자극 테스트**로 변경합니다.

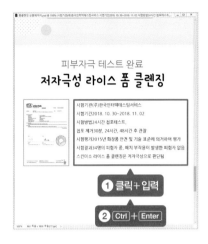

깔끔하게 정리한
필수 입력 정보 영역

01 일러스트 배치하기 ❶ [파일]−[고급 개체로 열기] 메뉴를 선택한 후 **실험.jpg** 파일을 찾아 불러옵니다. 도구 패널에서 ❷ [이동 도구] ⊕를 선택한 후 '폼클렌징 상품페이지' 작업 창으로 불러온 이미지를 드래그하여 다음과 같이 테스트 영역 아래쪽에 배치합니다.

02 제목 바 만들기 도구 패널에서 ❶ [모서리가 둥근 직사각형 도구] ▢를 선택한 후 옵션 패널에서 ❷ **모양, 칠: 회색(#666666), 획: 색상 없음, 반경: 50픽셀**로 설정합니다. ❸ 정보 영역에서 드래그하여 **가로: 245픽셀, 세로: 30픽셀** 크기로 둥근 사각형 모양을 그립니다.

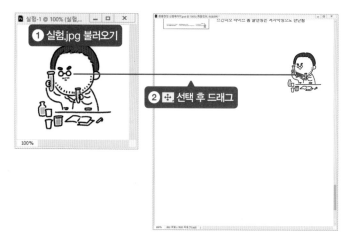

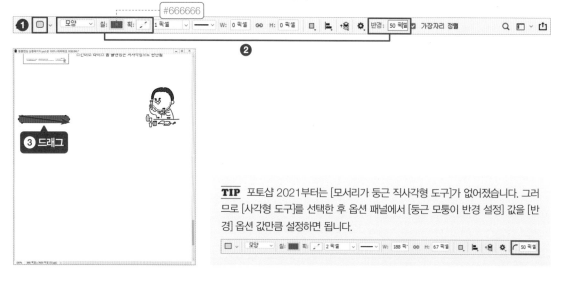

TIP 포토샵 2021부터는 [모서리가 둥근 직사각형 도구]가 없어졌습니다. 그러므로 [사각형 도구]를 선택한 후 옵션 패널에서 [둥근 모퉁이 반경 설정] 값을 [반경] 옵션 값만큼 설정하면 됩니다.

03 ❶ 레이어 모양 이름을 더블 클릭하여 **제목배경**으로 변경합니다. 도구 패널에서 ❷ [수평 문자 도구] T를 선택한 후 옵션 패널에서 ❸ 글꼴: 나눔고딕, 크기: 20pt, 안티알리아싱(aa): 선명하게, 정렬: 왼쪽 정렬(≡), 색상: 흰색(#ffffff)으로 설정합니다. ❹ Shift 를 누른 채 회색 사각형을 클릭하여 ❺ 텍스트를 입력하고 Ctrl + Enter 를 눌러 입력을 마칩니다.

04 도구 패널에서 ❶ [펜 도구] ∅를 선택한 후 옵션 패널에서 ❷ 모양, 칠: 색상 없음, 획: 회색(#666666), 2픽셀, 실선으로 설정합니다. 작업 창에서 ❸ 회색 사각형 오른쪽 중간을 클릭합니다. 이어서 ❹ Shift 를 누른 채 영역의 오른쪽 끝 부분을 클릭하여 직선을 그립니다.

05 **정보 입력하기** 도구 패널에서 ❶ **[수평 문자 도구]** **T**,를 선택한 후 옵션 패널에서 ❷ **글꼴: 나눔고딕, Regular, 크기: 16pt, 안티알리아싱(ᵃₐ): 선명하게, 정렬: 왼쪽 정렬(≡), 색상: 검은색(#000000)**으로 설정합니다. ❸ 문자 패널에서 ❹ **행간 ᴬ: 24pt**로 설정합니다. 작업 창에서 ❺ 제목 바 아래쪽을 클릭하여 요약 정보를 입력한 후 ❻ **Ctrl** + **Enter** 를 눌러 입력을 마칩니다.

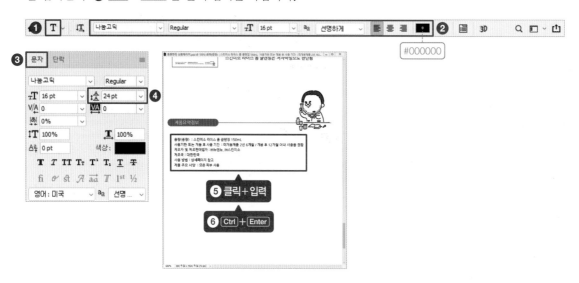

06 레이어 패널에서 ❶ **Ctrl** 을 누른 채 '제목배경'부터 요약 정보를 입력한 텍스트 레이어까지 모두 선택한 후 **Ctrl** + **G** 를 눌러서 그룹으로 묶습니다. ❷ 그룹 이름을 더블 클릭하여 **정보1**로 변경합니다.

07 그룹 복제하기 도구 패널에서 ❶ [이동 도구] ⊕를 선택한 후 작업 창에서 ❷ Shift + Alt 를 누른 채 아래쪽으로 드래그하여 '정보1' 그룹을 복제합니다. 레이어 패널에서 ❸ 복제한 그룹 이름을 더블 클릭하여 **정보2**로 변경합니다.

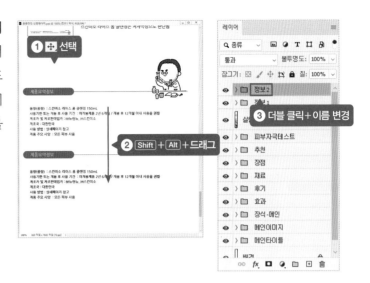

08 도구 패널에서 ❶ [수평 문자 도구] T를 선택한 후 작업 창에서 ❷ 복제한 정보의 제목 바와 내용을 각각 클릭해서 변경하고 ❸ Ctrl + Enter 를 눌러 입력을 마칩니다.

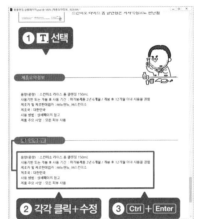

09 '정보2' 그룹의 텍스트를 수정했으면 ❶ 그룹을 접고 ❷ 같은 방법(⊕ 선택 – Shift + Alt + 드래그 – T 선택 – 내용 변경)으로 그룹을 복제하여 '정보3' 영역을 완성합니다.

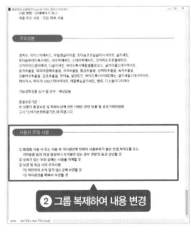

10 상담 연락처 입력하기 도구 패널에서 ❶ [수평 문자 도구] T 를 선택한 후 옵션 패널에서 ❷ 글꼴: 나눔고딕, Regular, 크기: 30pt, 안티알리아싱(aa): 선명하게, 정렬: 왼쪽 정렬(토), 색상: 검은색(#000000)으로 설정합니다. ❸ 영역 맨 아래쪽을 클릭하여 소비자 상담실 관련 텍스트를 입력하고 ❹ Ctrl + Enter 를 눌러 입력을 마칩니다.

TIP 앞서 '정보3' 그룹을 접은 후 수평 문자 도구 옵션을 선택해야 합니다. 기존 텍스트 레이어가 선택된 상태에서 옵션 값을 수정하면 해당 텍스트 스타일이 변경됩니다.

11 ❶ 전화번호를 강조하기 위해 드래그하여 선택합니다. 옵션 패널에서 ❷ 색상: 빨간색(#ff0000)으로 수정하고 ❸ Ctrl + Enter 를 눌러 입력을 마칩니다.

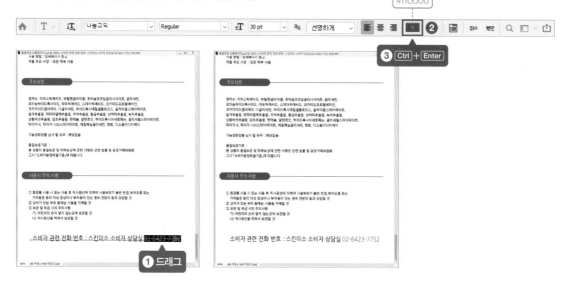

12 레이어 패널에서 ① 일러스트인 '실험' 레이어부터 소비자 상담실 관련 텍스트 레이어까지 모두 선택한 후 Ctrl + G 를 눌러서 그룹으로 묶습니다. ② 그룹 이름을 더블 클릭하여 **제품정보**로 변경하여 전체 상세 페이지 디자인을 완료합니다.

 결과 확인하기

이번 실습에서는 8개 영역을 10개 그룹으로 나누어서 작업했습니다. 피부에 직접 닿는 화장품 관련 상세 페이지에서도 먹거리 못지 않게 안전성을 강조해야 합니다. 그래서 친환경 재료와 피부 자극 테스트 관련 인증서를 크게 배치하여 신뢰감을 높였습니다. 한편, 핵심 타깃이 20대 여성인 점을 고려하여 SNS 인증 사진과 해시태그에서 착안한 디자인을 적극 활용했습니다. 완성 결과는 아래 QR 코드를 찍어 웹에서 확인할 수 있으며, 폼클렌징 상품페이지.psd 파일을 실행하면 레이어가 살아 있는 포토샵 결과물을 확인할 수 있습니다.

실전 04 | 일상에서 소화하는 여성 의류

✏️ **잡지의 한 페이지처럼 심플하고 깔끔한 레이어드 상세 페이지**

상품 콘셉트

여성 의류 전문 브랜드 난닝구에서 판매하는 레이어드 티셔츠 상세 페이지입니다. 난닝구는 일상에서 편안하고 가볍게 입을 수 있는 의류를 주로 판매하는 브랜드입니다. 브랜드 특징에 맞춰 제품 사진도 일상적인 모습을 표현하기 위해 실내에서 소파를 배경으로 촬영했습니다. 신문과 간단한 먹거리 등의 생활 소품을 배치해 연출하였고, 모델 역시 자연스럽게 휴식을 하는 듯한 모습으로 포즈를 취했습니다.

디자인 콘셉트

심플함, 깔끔함을 주요 분위기로 설정하면서 패션을 리드하는 최신 패션 잡지를 보는 듯한 느낌으로 디자인하였습니다. 또한 제품 상세 페이지가 아닌 잡지를 보는 것처럼 착각하도록 레이아웃을 계획했습니다. 전체적인 디자인은 상품 사진의 기본 형태인 사각형을 유지하면서 회색과 녹색 계열의 아이보리 색상 사각형을 겹쳐 단조롭지 않게 표현하였습니다.

**색상 & 글꼴
가이드**

깨끗하고 편안한 느낌의 상품 콘셉트를
살리기 위해 흰색을 배경으로 사용하고,
밝은 톤의 회색과 녹색 계열의 아이보리
색상을 활용하여 따뜻하면서도 심플한
느낌을 연출하였습니다. 밝은 톤의 회색

#dadbcc   #ebebeb   #ffffff

은 전체적인 분위기를 잔잔하게 이끌어주어, 다양한 소품으로 인해 자칫 산만할 수 있는 느낌을 잡
아줍니다. 녹색 계열의 아이보리 색상은 회색과 흰색 사이에서 따뜻한 느낌으로 주어 완충제 역할
을 합니다.

글꼴은 가독성이 좋은 고딕 계열로 제품 설명을 입력하는 데 사용했고, 명조 계열은 잡지 느낌을
연출하는 용도로 활용했습니다.

**마케팅
포인트**

의류 상세 페이지를 디자인할 때 최고의 마케팅 포인트는 '나도 입고 싶다'는 생각이 들 정도로 잘
촬영된 상품 사진, 그 자체입니다. 상품 콘셉트인 편안함을 최대한 잘 살린 배경과 소품을 활용해
서 촬영한 상품 사진은 상품을 선택하는 고객에게 1차적으로 표현할 수 있는 마케팅 포인트입니
다. 따라서 여러 각도의 사진을 다양하게 노출하여 고객이 직접 입어본 것처럼 느낄 수 있게 해야
합니다.

유의 사항

다양한 소품과 다소 정리되지 않은 배경에서 촬영한 사진은 자칫 산만하다고 느낄 수 있습니다. 그
러므로 디자인에 사용할 색상을 잘 선택해야 합니다. 너무 진한 색상은 상품을 강조하는 데 악영향
을 미칠 수 있고, 그렇다고 너무 연한 색상을 사용하면 전체적으로 포인트가 없는 디자인이 될 수
있습니다. 또한 상품 사진이 주요 마케팅 포인트이므로 크게 배치하는 것이 좋습니다. 고객이 읽어
야 할 텍스트 역시 크고 진한 색상을 써서 복잡한 이미지 속에서도 놓치지 않고 파악할 수 있게 해
야 합니다.

세부 디자인 설계하기

메인 이미지

메인 디자인에서는 대표 상품 사진 한 장과 반투명한 흰색 테두리로 깔끔하게 표현했습니다. 이처럼 첫 번째 이미지에서 최대한 디자인적인 요소를 제외하고 깔끔하게 표현함으로써 빠르게 스크롤하여 다음 내용을 보도록 유도할 수 있습니다. 의류 사진 중심의 상세 페이지에서는 이처럼 상품 콘셉트를 그대로 보여줄 수 있는 이미지 한 장으로 깔끔하게 시작하는 것이 하나의 전략이 될 수 있습니다.

디테일 컷

여성 의류 상세 페이지에서 다양한 상품 사진을 배치하는 디테일 컷 영역은 디자인 포인트이자 셀링 포인트입니다. 일반적으로 다양한 각도에서 촬영한 상품 사진만 나열하는 디자인이 많지만 이번 실습에서는 잡지 느낌의 콘셉트를 살려서 몇 가지 디자인 요소와 함께 배치했습니다. 단 복잡한 디자인은 상품에 대한 집중도를 해칠 수 있으므로, 간단한 사각형 모양과 엇갈리게 배치하는 레이아웃, 색상 변화와 텍스트 활용 정도로 마무리합니다.

재질

요즘은 건강이나 피부에 대한 관심이 높기 때문에 의류의 소재도 중요합니다. Cotton 100%라는 재질을 강조하기 위해서 섬유 조직을 확대해서 촬영한 사진을 준비한 후 표현했습니다.

사이즈 표

같은 사이즈라도 의류에 따라 각 부분의 사이즈가 미세하게 다를 수 있습니다. 그러므로 의류 상세 페이지에서 사이즈 표는 매우 중요한 정보입니다. 펜 도구를 활용하여 실사 이미지의 라인을 따서 일러스트처럼 활용하고, 그 위에 지시선과 번호를 배치하여 아래쪽에 있는 표와 매칭해줍니다. 일반적인 의류 상세 페이지에서 주로 활용하는 방법입니다.

SECTION 01

대표 사진으로 간단하게 완성한
메인 이미지 영역

01 새 파일 만들기 ❶ [파일]−[새로 만들기] 메뉴를 선택합니다(Ctrl + N). 새로 만들기 문서 창이 열리면 ❷ 제목: 여성의류 상품페이지, 폭: 860픽셀, 높이: 6700픽셀, 해상도: 72픽셀/인치, 색상 모드: RGB색상, 8bit, 배경 내용: 흰색으로 설정한 후 ❸ [만들기]를 클릭하여 새 작업 창을 만듭니다.

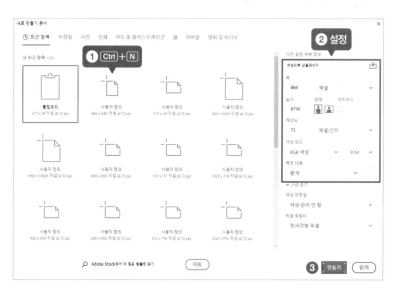

02 대표 사진 배치하기 도구 상자에서 ❶ **[사각형 도구]** □를 선택한 후 옵션 패널에서 ❷ **모양, 칠: 단색–회색 음영–검은색(#000000), 획: 색상 없음**으로 설정합니다. 작업 창에서 ❸ 드래그하여 **가로: 860픽셀, 세로: 560픽셀** 크기로 직사각형 모양을 그립니다.

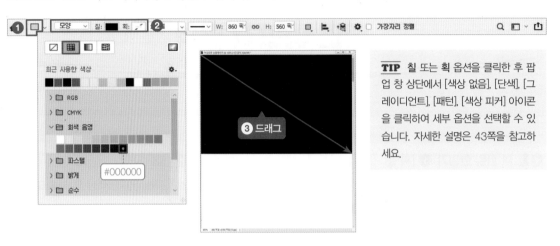

TIP 칠 또는 획 옵션을 클릭한 후 팝업 창 상단에서 [색상 없음], [단색], [그레이디언트], [패턴], [색상 피커] 아이콘을 클릭하여 세부 옵션을 선택할 수 있습니다. 자세한 설명은 43쪽을 참고하세요.

03 레이어 패널에서 추가된 사각형 모양 레이어 이름을 더블 클릭하여 **사진영역**으로 변경합니다.

04 ❶ [파일]-[고급 개체로 열기] 메뉴를 선택한 후 실습 파일에서 ❷ **메인이미지.jpg** 파일을 찾아 불러옵니다. '메인이미지' 작업 창이 열리면 도구 패널에서 ❸ [이동 도구] ⊕를 선택한 후 '여성의류 상품페이지' 작업 창으로 불러온 이미지를 드래그하여 복제합니다.

05 레이어 패널의 ❶ '메인이미지' 레이어에서 마우스 오른쪽 버튼을 클릭한 후 ❷ [클리핑 마스크 만들기]를 선택합니다. 작업 창을 보면 검은색 사각형 영역에만 사진이 표시됩니다.

TIP 레이어를 선택한 후 Ctrl + Alt + G 를 눌러도 클리핑 마스크를 적용할 수 있습니다.

06 ❶ **[편집]-[자유 변형]** 메뉴를 선택하거나 단축키 `Ctrl`+`T`를 눌러 자유 변형 모드로 전환합니다.
❷ 조절점을 드래그하여 크기를, 사진 안쪽을 드래그하여 위치를 조절한 후 `Enter`를 눌러 적용합니다.

TIP 조절점을 드래그할 때 `Shift`를 누른 채 드래그하면 가로와 세로 비율을 유지한 채 크기를 변경할 수 있습니다.

07 **사진 안쪽에 테두리 만들기** 도구 패널에서 ❶ **[사각형 도구]** ▢ 를 선택한 후 옵션 패널에서 ❷ **모양,
칠: 색상 없음, 획: 단색-회색 음영-흰색(#ffffff), 15픽셀, 실선**으로 설정합니다. 작업 창에서 ❸ 이미지 안쪽으로 드래그하여 **가로: 820픽셀, 세로: 520픽셀** 크기로 테두리를 그립니다.

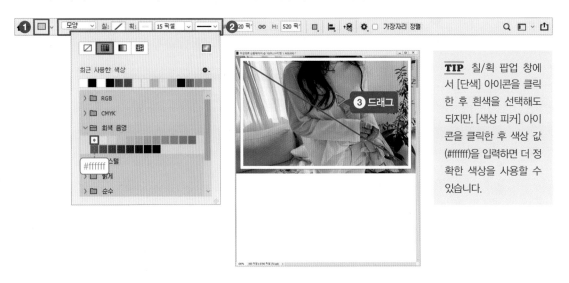

TIP 칠/획 팝업 창에서 [단색] 아이콘을 클릭한 후 흰색을 선택해도 되지만, [색상 피커] 아이콘을 클릭한 후 색상 값 (#ffffff)을 입력하면 더 정확한 색상을 사용할 수 있습니다.

08 레이어 패널에서 **불투명도: 70%**로 수정하여 흰색 테두리를 반투명하게 변경합니다.

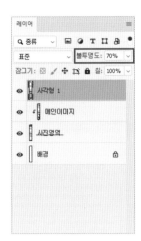

09 **텍스트 입력하기** 도구 패널에서 ❶ [수평 문자 도구] ⊤를 클릭한 후 옵션 패널에서 ❷ **글꼴: 나눔고딕, Regular, 크기: 50pt, 안티알리아싱(ª): 선명하게, 정렬: 가운데 정렬(≡), 색상: 검은색(#000000)**으로 설정합니다. 작업 창에서 ❸ 메인 이미지 아래쪽 중앙을 클릭하여 ❹ 텍스트를 입력하고 Ctrl + Enter 를 눌러 입력을 마칩니다.

10 작업 창에서 ❶ 둘째 줄을 클릭해서 텍스트 편집 모드로 전환합니다. 수평 문자 도구 옵션 패널에서 ❷ **크기: 26pt**로 설정을 변경합니다. 다음과 같이 ❸ 해시태그 형태로 텍스트를 입력하고 Ctrl + Enter 를 눌러 입력을 마칩니다.

11 ❶ 셋째 줄을 클릭하여 한 번 더 텍스트 편집 모드로 전환합니다. 수평 문자 도구 옵션 패널에서 ❷ 크기: 24pt로 설정을 변경합니다. ❸ 제품 관련 설명을 입력하고 Ctrl + Enter 를 눌러 입력을 마칩니다.

12 레이어 패널에서 ❶ '사진영역' 레이어부터 3개의 텍스트 레이어까지 모두 선택한 후 ❷ [새 그룹 만들기] 📁 아이콘을 클릭하여 그룹으로 묶습니다. ❸ 그룹 이름을 더블 클릭하여 **메인**으로 변경합니다. 메인 이미지 영역 디자인이 완성되었습니다.

> **TIP** 레이어 패널에서 여러 개의 레이어를 선택할 때는 Ctrl 을 누른 채 선택할 레이어를 모두 클릭하면 됩니다. 만약 위와 같이 연속으로 배치된 레이어를 선택한다면 가장 아래쪽 레이어를 선택하고, Shift 를 누른 채 가장 위쪽 레이어를 클릭하면 연속된 레이어를 모두 선택할 수 있습니다.

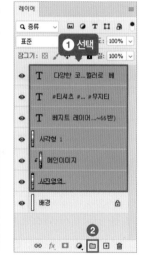

잡지 스타일로 연출한 디테일 컷 영역 01

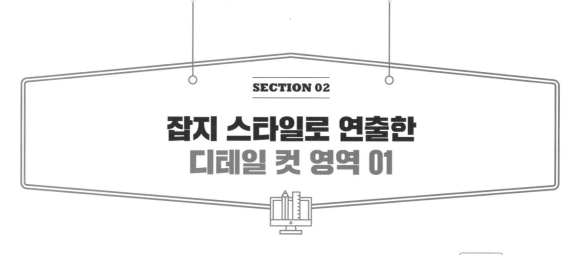

01 기본 레이아웃 만들기 도구 패널에서 ❶ [사각형 도구] □를 선택한 후 옵션 패널에서 ❷ 모양, 칠: 아이보리색(#dadbcc), 획: 색상 없음으로 설정합니다. ❸ 메인 이미지 영역 아래쪽에서 드래그하여 가로: 760픽셀, 세로: 500픽셀 크기로 직사각형 모양을 그립니다.

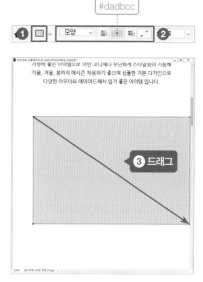

02 ❶ 기존 사각형 왼쪽 위로 겹치게 드래그하여 **가로: 640픽셀, 세로: 500픽셀** 크기로 직사각형 모양을 추가로 그린 후 '사각형 도구' 옵션 패널에서 ❷ **칠: 검은색(#000000)**으로 변경합니다. 레이어 패널에서 ❸ 2 개의 사각형 레이어 이름을 각각 더블 클릭하여 **아이보리배경, 사진영역**으로 변경합니다.

TIP 사각형 모양을 대강 그린 후 옵션 패널에서 W(가로), H(세로) 옵션 값으로 조정해도 됩니다. 위치를 조정할 때는 [이동 도구]를 선택한 후 모양 안쪽을 클릭한 채 드래그합니다.

03 상품 사진 배치하기 ❶ [파일]-[고급 개체로 열기] 메뉴를 선택하여 **아이보리01.jpg** 파일을 찾아 불러옵니다. 도구 패널에서 ❷ [이동 도구] ⊕ 를 선택한 후 불러온 이미지를 '여성의류 상품페이지' 작업 창으로 드래그하여 복제합니다.

04 ❶ Ctrl + T 를 눌러 자유 변형 모드로 전환합니다. ❷ 조절점을 드래그하여 적당한 크기로 변경한 후 안쪽을 드래그하여 검은색 사각형을 가리도록 배치하고 Enter 를 눌러 적용합니다. ❸ 그대로 Ctrl + Alt + G 를 눌러서 클리핑 마스크를 적용하면 검은색 사각형 영역에만 사진이 표시됩니다.

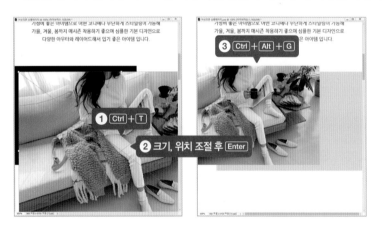

05 **장식용 텍스트 입력하기** 도구 패널에서 ❶ [수평 문자 도구] T를 선택한 후 옵션 패널에서 ❷ **글꼴:
나눔명조, 크기: 60pt, 안티알리아싱(ᵃₐ): 선명하게, 정렬: 왼쪽 정렬(▤), 색상: 흰색(#ffffff)**으로 설정합니다. 다
음과 같이 ❸ 상품 사진 오른쪽 아래를 클릭하여 ❹ 텍스트를 입력하고 Ctrl + Enter 를 눌러 입력을 마칩니다.

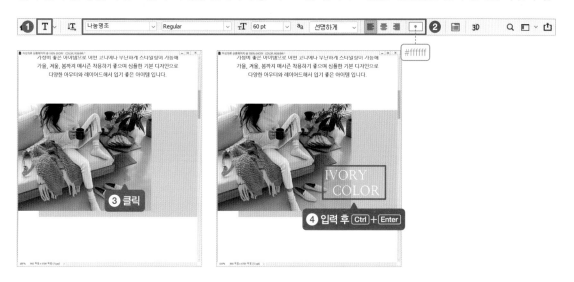

06 작업 창에서 ❶ 상품 사진 오른쪽을 클릭하여 새로운 텍스트 레이어를 추가합니다. 도구 패널에서
❷ [세로 문자 도구] ⊺로 변경하고, 옵션 패널에서 ❸ **글꼴: Arial, Regular, 크기: 16pt, 안티알리아싱(ᵃₐ):
선명하게, 정렬: 위쪽 정렬(▥), 색상: 회색(#8a8b81)**으로 설정합니다. ❹ 장식용 텍스트를 입력한 후 Ctrl
+ Enter 를 눌러 입력을 마칩니다.

07 레이어 패널에서 ❶ '아이보리배경' 레이어부터 장식용 텍스트 레이어까지 모두 선택한 후 Ctrl + G 를 눌러서 그룹으로 묶고 ❷ 그룹 이름을 더블 클릭하여 **연출컷01**로 변경합니다.

잡지 스타일로 연출한
디테일 컷 영역 02

01 **기본 레이아웃 만들기** 도구 패널에서 ❶ [**사각형 도구**] ▢를 선택한 후 옵션 패널에서 ❷ **모양, 칠: 단색–회색 음영–10%회색(#eeeeee), 획: 색상 없음**으로 설정합니다. ❸ 첫 번째 디테일 컷 영역 아래쪽에서 드래그하여 **가로: 860픽셀, 세로: 400픽셀** 크기로 직사각형 모양을 그립니다.

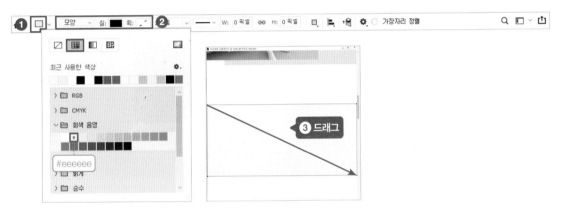

02 ❶ 회색 사각형과 겹치게 드래그하여 **가로: 300픽셀, 세로: 410픽셀** 크기로 직사각형 모양을 추가로 그린 후 '사각형 도구' 옵션 패널에서 ❷ **칠: 아이보리색(#dadbcc)**으로 수정합니다.

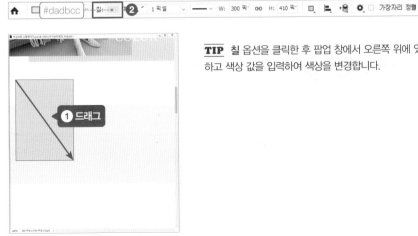

TIP 칠 옵션을 클릭한 후 팝업 창에서 오른쪽 위에 있는 [색상 피커] 아이콘을 클릭하고 색상 값을 입력하여 색상을 변경합니다.

03 도구 패널에서 ❶ [이동 도구] ⊕를 선택한 후 작업 창에서 ❷ **Alt** 를 누른 채 왼쪽 아래로 살짝 드래그하여 복제합니다.

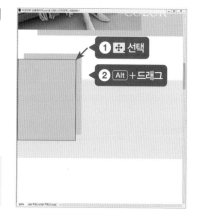

> **TIP** [이동 도구]를 사용하기 전에 69쪽에서 **자동 선택** 옵션에 대한 내용을 참고하세요.

04 도구 패널에서 ❶ [사각형 도구] ▢를 선택한 후 옵션 패널에서 ❷ **칠: 검은색(#000000)**으로 설정을 변경합니다.

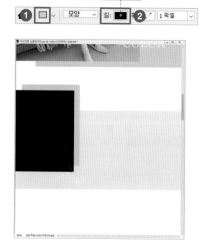

05 도구 패널에서 ❶ [이동 도구] ⊕를 선택합니다. 작업 창에서 ❷ **Alt** 를 누른 채로 오른쪽 아래 사선으로 살짝 드래그하여 복제한 후 ❸ **Ctrl** + **T** 를 눌러 자유 변형 모드로 전환합니다. ❹ 복제한 사각형의 조절점을 드래그하여 **가로: 370픽셀, 세로: 510픽셀** 크기로 조절한 후 **Enter** 를 눌러 적용합니다.

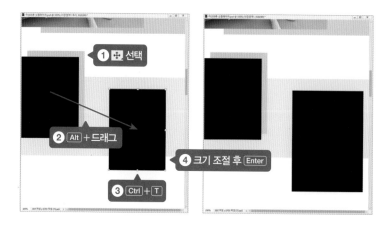

06 레이어 패널에서 4개의 사각형 모양 레이어 이름을 각각 더블 클릭하여 **회색배경, 아이보리배경, 사진영역1, 사진영역2**로 변경합니다.

07 **상품 사진 배치하기** 레이어 패널에서 ❶ '사진영역1' 레이어를 선택합니다. ❷ [파일]–[고급 개체로 열기] 메뉴를 선택하여 **아이보리02-1.jpg** 파일을 찾아 불러옵니다. 도구 패널에서 ❸ [이동 도구] ⊕.를 선택한 후 '여성의류 상품페이지' 작업 창으로 불러온 이미지를 드래그하여 복제합니다.

TIP 다른 작업 창에서 이미지(레이어)를 복제해 오면 현재 선택 중인 레이어 위에 배치됩니다.

08 레이어 패널에서 '사진영역1' 레이어 위에 '아이보리02 − 1' 레이어가 배치된 것을 확인한 후 ❶ Ctrl + Alt + G 를 눌러서 클리핑 마스크를 적용합니다. ❷ Ctrl + T 를 눌러 ❸ 사진 이미지의 크기와 위치를 조절하고 Enter 를 눌러 다음과 같이 완성합니다.

09 레이어 패널에서 ❶ '사진영역2' 레이어를 선택한 후 ❷ [파일] − [고급 개체로 열기] 메뉴를 선택하여 **아이보리02 − 2.jpg** 파일을 찾아 불러옵니다. 도구 패널에서 ❸ [이동 도구] ⊕ 를 선택하고 '여성의류 상품페이지' 작업 창으로 불러온 이미지를 드래그하여 복제합니다.

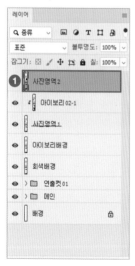
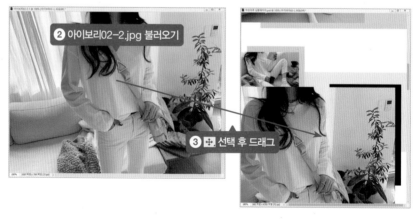

10 ❶ Ctrl + Alt + G 를 눌러서 클리핑 마스크를 적용합니다. 이어서 ❷ Ctrl + T 를 눌러 ❸ 위치와 크기를 조절한 후 Enter 를 눌러 적용합니다.

11 가로 막대 추가하기 텍스트 입력 영역을 구분하는 막대를 추가하겠습니다. 도구 패널에서 ❶ [펜도구] ✐ 를 선택한 후 옵션 패널에서 ❷ 모양, 칠: 색상 없음, 획: 검은색(#000000), 2픽셀, 실선으로 설정합니다. ❸ 회색 사각형 오른쪽 위에서 한 점을 클릭하고 ❹ Shift 를 누른 채 오른쪽을 클릭하여 직선을 그린 다음 ❺ Enter 를 눌러 적용합니다.

12 텍스트 입력하기 도구 패널에서 ❶ [수평 문자 도구] **T**를 선택한 후 옵션 패널에서 ❷ **글꼴: 나눔고딕,**
Regular, 크기: 28pt, 안티알리아싱(ᵃₐ): Windows LCD, 정렬: 왼쪽 정렬(☰), 색상: 검은색(#000000)으로
설정합니다. ❸ 가로 막대 아래쪽을 클릭하여 텍스트를 입력하고 ❹ **Ctrl** + **Enter** 를 눌러 입력을 마칩니다.

13 도구 패널에서 ❶ [세로 문자 도구] **IT**를 선택한 후 작업 창에서 ❷ 오른쪽 상품 사진의 왼쪽 위를 클
릭하여 텍스트 편집 모드로 전환합니다. '세로 문자 도구' 옵션 패널에서 ❸ **글꼴: 나눔명조, 크기: 40pt, 안티**
알리아싱(ᵃₐ): 선명하게, 정렬: 위쪽 정렬(▥)로 설정을 변경하고 ❹ 영문 텍스트를 입력한 후 **Ctrl** + **Enter** 를
눌러 입력을 마칩니다.

14 레이어 패널에서 ❶ '회색배경' 레이어를 선택한 후 Shift 를 누른 채 맨 위에 있는 텍스트 레이어를 선택해서 모두 선택합니다. Ctrl + G 를 눌러서 그룹으로 묶고 ❷ 그룹 이름을 더블 클릭하여 **연출컷**02로 변경합니다.

단순 디테일 컷 &
쇼핑 체크 영역

01 사진 배치 영역 만들기 도구 패널에서 ❶ [사각형 도구] ▢를 선택한 후 옵션 패널에서 ❷ 모양, 칠: 검은색(#000000), 획: 색상 없음으로 설정합니다. ❸ 두 번째 디테일 컷 영역 아래쪽에서 드래그하여 가로: 760픽셀, 세로: 500픽셀 크기로 직사각형 모양을 그립니다.

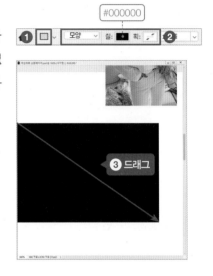

02 도구 패널에서 ❶ [이동 도구] ✛를 선택합니다. 작업 창에서 ❷ Alt 를 누른 채 오른쪽 아래로 드래그하여 직사각형 모양을 복제합니다. 레이어 패널에서 ❸ 2개의 레이어 이름을 각각 더블 클릭하여 **사진영역1**, **사진영역2**로 변경합니다.

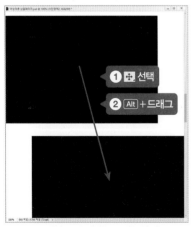

03 사진 배치하기 ❶ 레이어 패널에서 '사진영역1' 레이어를 선택합니다. ❷ [파일]−[고급 개체로 열기] 메뉴를 선택하여 **아이보리03−1.jpg** 파일을 불러와 ❸ 다음과 같이 클리핑 마스크(Ctrl + Alt + G)로 배치 합니다.

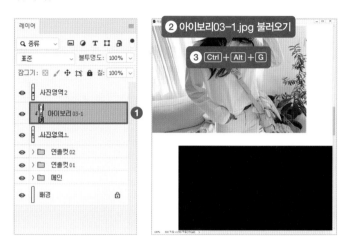

TIP 파일을 불러와 복제해서 배치하고 클리 핑 마스크를 적용한 후 크기 및 위치를 조정하 는 방법은 앞서 259~261쪽에서 진행한 실 습과 동일합니다.

04 ❶ 같은 방법으로 '사진영역2' 레이어를 선택하고 **아이보리03−2.jpg** 파일을 불러와 클리핑 마스크를 적용하여 배치하면 다음과 같이 세 번째 디테일 컷 영역이 완성됩니다. 레이어 패널에서 ❷ 2개의 사진 영 역과 2개의 이미지 레이어를 모두 선택한 후 Ctrl + G를 눌러서 그룹으로 묶고 ❸ 그룹 이름을 더블 클릭하 여 **연출컷03**으로 변경합니다.

05 **쇼핑 체크 영역 만들기** 도구 패널에서 ❶ [수평 문자 도구] T.를 선택한 후 옵션 패널에서 ❷ 글꼴: 나
눔명조, Regular, 크기: 50pt, 안티알리아싱(ªª): 선명하게, 정렬: 가운데 정렬(≣), 색상: 검은색(#000000)으로
설정합니다. ❸ 디테일 컷 영역 아래쪽을 클릭하여 Shopping Check!를 입력하고 ❹ Ctrl + Enter 를 눌러
입력을 마칩니다.

06 도구 패널에서 ❶ [펜 도구] ✐.를 선택한 후 옵션 패널에서 ❷ 모양, 칠: 색상 없음, 획: 검은색
(#000000), 2픽셀, 실선으로 설정합니다. ❸ 텍스트 왼쪽 아래 한 점을 클릭한 후 ❹ Shift 를 누른 채 오른쪽
끝을 클릭해서 밑줄 치듯 직선을 그리고 ❺ Enter 를 눌러 적용합니다.

07 레이어 패널에서 추가된 모양 레이어 이름을
더블 클릭하여 **실선**으로 변경합니다.

08 **쇼핑 시 체크할 내용 입력하기** 도구 패널에서 ❶ [**수평 문자 도구**] **T**를 선택한 후 옵션 패널에서
❷ **글꼴: 나눔고딕, Regular, 크기: 20pt, 안티알리아싱(ᵃₐ): Windows LCD, 정렬: 가운데 정렬(▤), 색상: 검
은색(#000000)**으로 설정합니다. ❸ 실선 아래쪽을 클릭하여 텍스트를 입력한 후 ❹ **Ctrl** + **Enter** 를 눌러 입
력을 마칩니다.

09 레이어 패널에서 ❶ **Ctrl** 을 누른 채 2개의 텍
스트 레이어와 '실선' 레이어를 클릭하여 선택하고
Ctrl + **G** 를 눌러서 그룹으로 묶습니다. ❷ 그룹 이
름을 더블 클릭하여 **쇼핑체크**로 변경합니다.

SECTION 05
섬유 조직 사진으로 강조한
재질 표시 영역

01 영역 구분하기 도구 패널에서 ❶ [수평 문자 도구] T를 선택한 후 옵션 패널에서 ❷ 글꼴: Arial, Regular, 크기: 40pt, 안티알리아싱(aa): Windows LCD, 정렬: 가운데 정렬(▤), 색상: 검은색(#000000)으로 설정합니다. 작업 창에서 ❸ 체크 영역 아래를 클릭하여 Texture, Fabric!을 입력한 후 ❹ Ctrl + Enter 를 눌러 입력을 마칩니다.

02 ❶ 영역 제목 바로 아래를 클릭해서 텍스트 레이어를 추가합니다. '수평 문자 도구' 옵션 패널에서 ❷ 글꼴: 나눔고딕, 크기: 26pt, 색상: 회색(#666666)으로 설정을 변경합니다. ❸ 텍스트를 입력한 후 Ctrl + Enter 를 눌러 입력을 마칩니다.

03 레이어 패널에서 ❶ 2개의 텍스트 레이어를 선택한 후 Ctrl + G 를 눌러서 그룹으로 묶습니다. ❷ 그룹 이름을 더블 클릭하여 **제목-재질**로 변경합니다.

04 사진 영역 만들기 도구 패널에서 ❶ **[사각형 도구]** □를 선택한 후 옵션 패널에서 ❷ **모양, 칠: 검은색 (#000000), 획: 색상 없음**으로 설정합니다. 작업 창에서 ❸ 드래그하여 **가로: 860픽셀, 세로: 460픽셀** 크기로 직사각형 모양을 그립니다. ❹ 레이어 이름을 더블 클릭하여 **사진영역**으로 변경합니다.

05 **사진 배치하기** ❶ [파일]−[고급 개체로 열기] 메뉴를 선택한 후 **재질.jpg** 파일을 찾아 불러옵니다. 도구 패널에서 ❷ [이동 도구] ⊕를 선택한 후 '여성의류 상품페이지' 작업 창으로 불러온 이미지를 드래그하여 복제합니다.

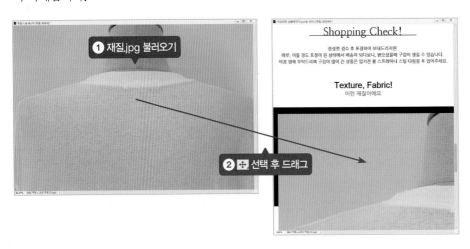

06 ❶ Ctrl + Alt + G 를 눌러서 클리핑 마스크를 적용한 후 ❷ Ctrl + T 를 눌러 자유 변형 모드로 전환합니다. ❸ 조절점을 드래그하여 크기를, 이미지 안쪽을 드래그하여 위치를 조정하고 Enter 를 눌러 적용합니다. 이때 옷감이 최대한 잘 보이도록 조정합니다.

07 재질 표시하기 ❶ 도구 패널에서 **[원형 선택 윤곽 도구]** ⬚를 선택합니다. 작업 창에서 **❷ Shift** 를 누른 채 드래그하여 정원 모양으로 선택 영역을 지정합니다. **❸ [레이어]–[새로 만들기]–[복사한 레이어]** 메뉴를 선택합니다(**Ctrl** + **J**).

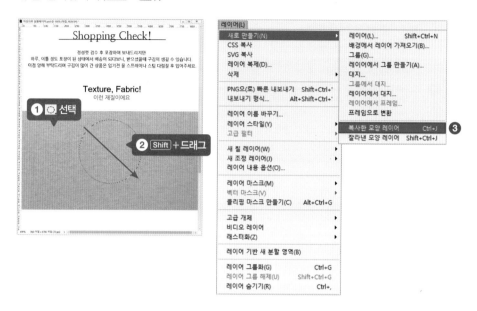

08 레이어 패널을 보면 선택 영역으로 지정한 부분이 새로운 레이어로 추가되어 있습니다. 레이어 이름을 더블 클릭하여 **원본**으로 변경합니다.

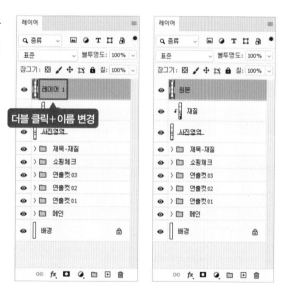

09 레이어 패널에서 ❶ '재질' 레이어를 선택한 후 ❷ [이미지]-[조정]-[색조/채도] 메뉴를 선택합니다. 색조/채도 창이 열리면 ❸ **밝기: -20**으로 설정한 후 ❹ [확인]을 클릭하여 재질 이미지를 보정합니다.

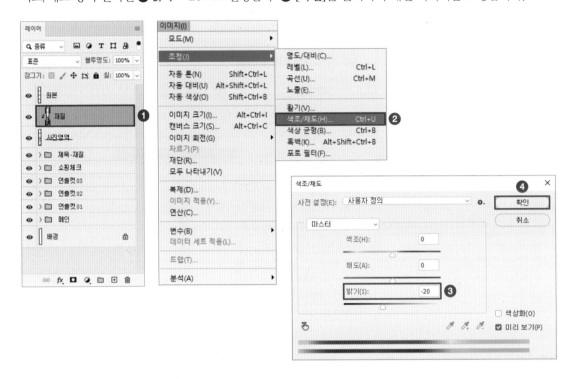

10 클리핑 마스크로 적용한 이미지의 채도가 낮아지면서 어둡게 바뀝니다. 이제 밝은 원에 텍스트를 입력하겠습니다. 레이어 패널에서 ❶ '원본' 레이어를 선택합니다. 도구 패널에서 ❷ [수평 문자 도구] T를 선택한 후 옵션 패널에서 ❸ **글꼴: 나눔명조, Bold, 크기: 45pt, 안티알리아싱(aa): Windows LCD, 정렬: 가운데 정렬(툴), 색상: 흰색(#ffffff)**으로 설정합니다.

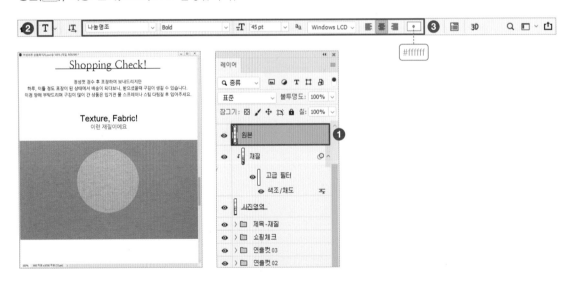

11 작업 창에서 ❶ 밝은 원을 클릭하여 **Cotton100%**를 입력하고
❷ `Ctrl` + `Enter` 를 눌러 입력을 마칩니다.

12 ❶ 흰색 원 아래를 클릭해서 텍스트 레이어을 추가합니다. '수평 문자 도구' 옵션 패널에서 ❷ **글꼴: 나**
눔고딕, Regular, 크기: 22pt로 설정을 변경합니다. ❸ 재질 관련 설명을 입력한 후 `Ctrl` + `Enter` 를 눌러 입
력을 마칩니다.

13 레이어 패널에서 ❶ '제목 – 재질' 그룹을 클릭
해서 선택한 후 `Shift` 를 누른 채 맨 위에 있는 설명
텍스트 레이어를 클릭하여 선택합니다. 중간에 있는
레이어까지 모두 선택되면 `Ctrl` + `G` 를 눌러서 그룹
으로 묶습니다. ❷ 그룹 이름을 더블 클릭하여 **재질**로
변경합니다.

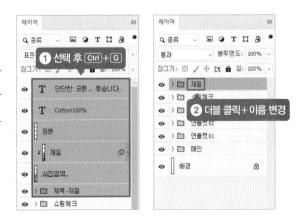

색상 종류 및 사이즈 표 영역

01 영역 복제 및 정리하기 도구 패널에서 ❶ [이동 도구] ⊕ 를 선택합니다. 작업 창에서 ❷ Alt 를 누른 채 아래로 드래그하여 재질 표시 영역 그룹을 복제합니다. 레이어 패널에서 ❸ 복제된 그룹 이름을 더블 클릭하여 **컬러**로 변경합니다.

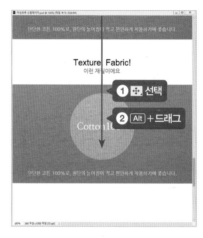

02 ❶ '컬러' 그룹을 펼쳐 **❷** 맨 위에 있는 텍스트 레이어부터 '재질' 레이어까지 모두 선택한 후 Delete 를 눌러 삭제합니다. 레이어 패널에서 '컬러' 그룹에 있는 **❸** '재목－재질' 그룹 이름을 더블 클릭하여 **제목－컬러**로 변경합니다.

03 도구 패널에서 ❶ [수평 문자 도구] **T**를 선택한 후 ❷ 제목 텍스트를 클릭해서 내용을 Color, Style! 로 변경하고 ❸ **Ctrl** + **Enter** 를 눌러 입력을 마칩니다. 계속해서 ❹ '이런 재질이에요' 텍스트를 클릭하여 **이 런 컬러가 있어요**로 변경하고 ❺ **Ctrl** + **Enter** 를 눌러 입력을 마칩니다.

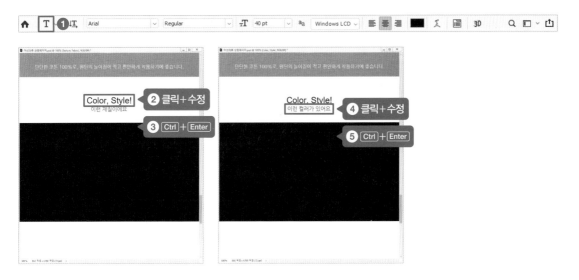

04 **상품 사진 배치하기** 레이어 패널에서 ❶ '제목 – 컬러' 그룹을 접고 ❷ '사진영역' 레이어를 선택합니다. ❸ [파일] – [고급 개체로 열기] 메뉴를 선택하여 **컬러.jpg** 파일을 찾아 불러옵니다. 도구 패널에서 ❹ [이동 도구] ✛를 선택하여 '여성의류 상품페이지' 작업 창으로 불러온 이미지를 드래그하여 복제합니다.

05 ❶ Ctrl + Alt + G 를 눌러서 클리핑 마스크를 적용합니다. ❷ Ctrl + T 를 눌러 자유 변형 모드로 전환한 후 ❸ 크기와 위치를 조절하고 Enter 를 눌러 적용합니다.

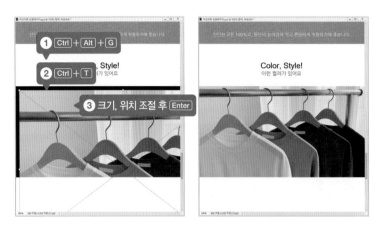

06 색상 종류 표시하기 도구 패널에서 ❶ [수평 문자 도구] T 를 선택한 후 옵션 패널에서 ❷ 글꼴: 나눔고딕, Regular, 크기: 20pt, 왼쪽 정렬(▤), 색상: 검은색(#000000)으로 설정합니다. ❸ 상품 이미지 왼쪽 아래를 클릭하여 해시태그와 함께 색상을 표현하는 텍스트를 입력하고 ❹ Ctrl + Enter 를 눌러 입력을 마칩니다. ❺ 같은 방법으로 나머지 색상도 입력하여 색상 종류 영역을 완성합니다.

07 그룹 복제하기 ❶ '컬러' 그룹에 있는 '제목-컬러' 그룹을 선택합니다. 도구 패널에서 ❷ [이동 도구] ⊕를 선택하고 작업 창에서 ❸ Shift + Alt 를 누른 채 아래쪽으로 드래그하여 제목 텍스트 2개를 복제합니다.

08 레이어 패널에서 ❶ '제목-컬러 복사' 그룹을 선택한 후 '컬러' 그룹 위로 드래그하여 옮깁니다. ❷ '컬러' 그룹을 접고 ❸ '제목-컬러 복사' 그룹 이름을 더블 클릭하여 **제목-사이즈**로 변경합니다. ❹ '제목-사이즈' 그룹을 접습니다.

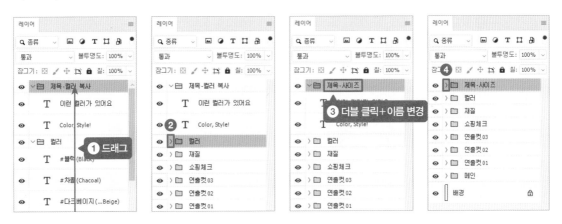

09 텍스트 변경하기 도구 패널에서 ❶ [수평 문자 도구] T.를 선택한 후 작업 창에서 ❷ 복제한 제목 텍스트 2개를 각각 클릭하여 내용을 변경하고 ❸ Ctrl + Enter 를 눌러 입력을 마칩니다.

10 이미지 배치하기 ❶ [파일]−[고급 개체로 열기] 메뉴를 선택하여 **티셔츠.jpg** 파일을 찾아 불러옵니다. 도구 패널에서 ❷ [이동 도구] ⊹를 선택한 후 '여성의류 상품페이지' 작업 창으로 불러온 이미지를 드래그 하여 복제합니다.

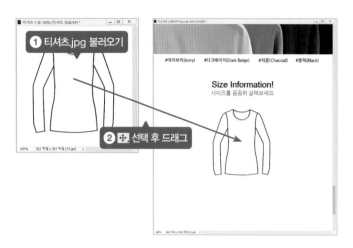

11 사이즈 구간 표시하기 도구 패널에서 ❶ [선 도구] ╱를 선택한 후 옵션 패널에서 ❷ 모양, 칠: 검은색 (#000000), 획: 색상 없음, 두께: 1픽셀로 설정합니다. 계속해서 ❸ [추가 모양 및 패스 옵션 설정] ⚙ 아이콘 을 클릭한 후 ❹ 화살촉: 시작 체크, 끝 체크, 폭: 1000%, 길이: 1000%, 오목한 정도: 0%로 설정합니다.

12 배치한 셔츠 이미지에서 ❶ Shift 를 누른 채 왼쪽 어깨 위를 클릭한 상태에서 오른쪽 어깨 끝까지 드래그한 후 손을 뗍니다. 어 깨 사이즈 구간 화살표가 그려지면 ❷ Enter 를 눌러 적용합니다.

TIP [펜 도구]를 이용할 때는 양쪽 끝점을 각각 클릭해 직선을 그렸습니다. [선 도 구]를 이용할 때는 시작점을 클릭한 채 직선이 끝나는 위치에서 손을 떼서 직선을 그립니다. 이때 Shift 를 누르고 있으면 수직, 수평으로 직선을 그릴 수 있습니다.

13 계속해서 같은 방법(클릭한 채 드래그 → Enter)으로 사이즈를 표시할 위치에 구간 표시 화살표를 그립니다.

> **TIP** 팔 둘레나 소매 길이와 같이 사선으로 직선을 그릴 때는 Shift 를 누르지 않고 드래그해야 합니다.

14 **구분 번호 입력하기** 도구 패널에서 ❶ [수평 문자 도구] T 를 선택한 후 옵션 패널에서 ❷ **글꼴: 나눔고딕, Regular, 크기: 16pt, 안티알리아싱(ᵃₐ): Windows LCD, 정렬: 가운데 정렬(☰), 색상: 검은색(#000000)** 으로 설정합니다. 작업 창에서 ❸ 어깨 너비를 표시한 직선 아래를 클릭해서 텍스트 레이어를 추가합니다.

15 ❶ [창]-[글리프] 메뉴를 선택합니다. 글리프 패널이 열리면 ❷ '전체 글꼴'을 **숫자**로 설정하고 ❸ [원문자 1] ①을 더블클릭하여 입력합니다. ❹ [Ctrl]+[Enter]를 눌러 입력을 마칩니다.

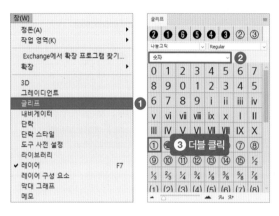

16 계속해서 원 문자를 입력할 위치를 클릭해서 텍스트 레이어를 추가하고 글리프 패널에서 해당 원 문자를 더블클릭하여 입력한 후 [Ctrl]+[Enter]를 누릅니다. 이 과정을 반복해서 나머지 원 문자를 모두 입력합니다.

17 레이어 패널에서 ❶ '티셔츠' 레이어를 클릭해서 선택한 후 [Shift]를 누른 채 마지막 원 문자 텍스트 레이어를 클릭해서 모두 선택하고 [Ctrl]+[G]를 눌러서 그룹으로 묶습니다. ❷ 그룹 이름을 더블클릭하여 **의류가이드**로 변경합니다.

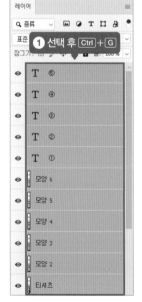

18 표 그리기 도구 패널에서 ❶ [사각형 도구] ▣를 선택한 후 옵션 패널에서 ❷ **모양, 칠: 회색 음영−15% 회색(#e5e5e5), 획: 회색 음영−65% 회색(#7d7d7d)**으로 설정합니다. ❸ 셔츠 이미지 왼쪽 아래에서 드래그하여 **가로: 122픽셀, 세로: 31픽셀** 크기로 직사각형 모양을 그립니다. 레이어 패널에서 ❹ 이름을 더블 클릭하여 **제목배경**으로 변경합니다.

19 도구 패널에서 ❶ [이동 도구] ✥를 선택한 후 작업 창에서 ❷ Shift + Alt 를 누른 채 오른쪽으로 드래그하여 복제합니다. 그런 다음 ❸ 키보드에 있는 좌우 방향키를 눌러 1픽셀씩 옮기면서 사각형 좌우 테두리가 정확하게 겹치도록 배치합니다.

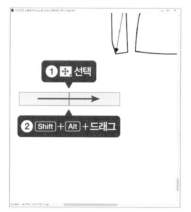

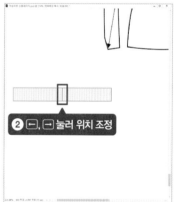

20 계속해서 ❶ Shift + Alt 를 누른 채 복제해서 배치하고 ❷ 화살표 방향키를 눌러 정밀하게 배치하는 작업을 반복해서 사이즈 표의 제목 행으로 사용할 직사각형 6개를 배치합니다.

21 레이어 패널에서 **❶** 6개의 직사각형 모양 레이어를 모두 선택한 후 작업 창에서 **❷** Shift + Alt 를 누른 채 아래쪽으로 드래그하여 복제합니다. 그런 다음 **❸** 키보드에서 위, 아래 방향키를 눌러 1픽셀씩 조절하면서 정확하게 테두리가 겹치도록 배치하여 2행을 완성합니다.

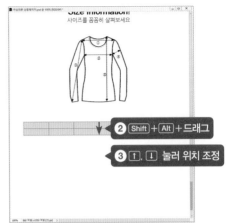

22 2행으로 사용할 6개의 모양 레이어가 선택된 상태로, 도구 패널에서 **❶** [사각형 도구] ▢를 선택한 후 옵션 패널에서 **❷** 칠: 흰색(#ffffff)으로 변경합니다. 2행의 직사각형이 모두 흰색으로 바뀝니다.

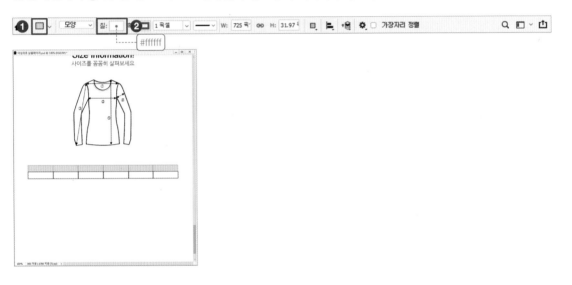

23 레이어 패널에서 ❶ 1행과 2행에 해당하는 12개의 모양 레이어를 모두 선택한 후 Ctrl + G 를 눌러서 그룹으로 묶습니다. ❷ 그룹 이름을 더블 클릭하여 **표**로 변경합니다.

24 **사이즈 값 입력하기** 도구 패널에서 ❶ [**수평 문자 도구**] T 를 선택한 후 옵션 패널에서 ❷ **글꼴: 나눔고딕, Regular, 크기: 16pt, 안티알리아싱(** ᵃₐ **): Windows LCD, 정렬: 가운데 정렬(** ≡ **), 색상: 검은색(#000000)** 으로 설정합니다. ❸ 문자 패널을 열고 **행간** ⌶Ａ **: 31pt, 자간(VA)** VA **: 0**으로 설정합니다.

TIP [창]-[문자] 메뉴를 선택하면 문자 패널을 열 수 있습니다.

25 작업 창에서 ❶ 첫 번째 직사각형 모양 위를 클릭하여 **옵션**을 입력합니다. ❷ Enter 를 눌러 줄을 바꾼 다음 ❸ Free(44~66반)을 입력합니다. ❹ Ctrl + Enter 를 눌러 입력을 마칩니다.

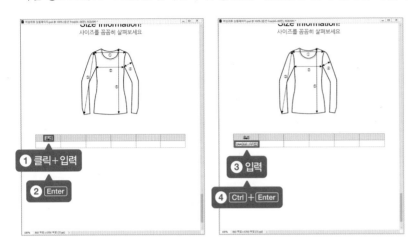

26 도구 패널에서 ❶ [이동 도구] ⊹ 를 선택한 후 ❷ Shift + Alt 를 누른 채 오른쪽으로 드래그하여 텍스트를 복제합니다. 도구 패널에서 ❸ [수평 문자 도구] T 를 선택한 후 ❹ 복제한 텍스트를 클릭하여 편집 모드로 전환합니다. ❺ 복제한 텍스트를 모두 드래그하여 선택합니다.

27 ❶ [창]−[글리프] 메뉴를 선택합니다. 글리프 패널이 열리면 ❷ **숫자**로 설정한 후 ❸ [원문자 1] ① 을 더블 클릭하여 입력합니다.

28 이어서 ❶ 어깨너비를 입력합니다. ❷ Enter 를 눌러 줄을 바꾼 후 ❸ 50을 입력합니다. ❹ Ctrl + Enter 를 눌러 입력을 마칩니다.

29 다시 [이동 도구] ⊕ 를 선택한 후 Shift + Alt 를 누른 채 드래그해서 복제하고 [수평 문자 도구] T 를 선택한 후 클릭해서 텍스트를 변경한 다음 Ctrl + Enter 를 눌러 완료합니다. 이 과정을 반복하여 나머지 사이즈 표를 완성합니다.

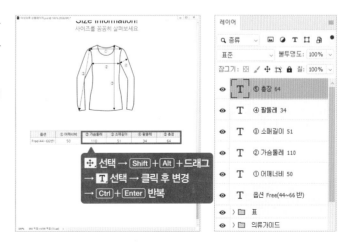

30 ❶ [수평 문자 도구] T를 이용하여 ❷ 단위와 치수 재는 방법 등을 추가로 입력하면 첫 번째 사이즈 표가 완성됩니다.

31 레이어 패널에서 ❶ 맨 위에 있는 레이어(측정 유의 사항을 입력한 텍스트 레이어)를 클릭해서 선택하고 Shift 를 누른 채 '제목−사이즈' 그룹을 클릭해서 모두 선택합니다. Ctrl + G 를 눌러서 그룹으로 묶고 ❷ 그룹 이름을 더블 클릭하여 **사이즈테이블**로 변경합니다.

32 ❶ 사이즈 표 만드는 방법을 참고하여 세탁 정보, 제품 정보를 표로 작성합니다. ❷ 각각 해당 레이어를 그룹으로 묶어(Ctrl + G) ❸ 세탁정보, 제품정보로 그룹 이름을 변경합니다.

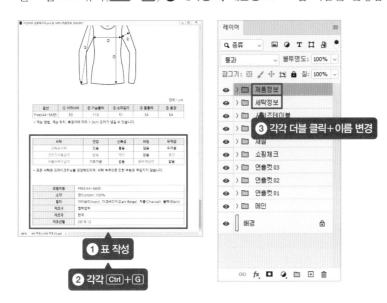

 결과 확인하기

가장 쉽게 만들 수 있지만 공을 들이기에 따라 가장 어려울 수도 있는 상세 페이지가 바로 의류 상세 페이지입니다. 앞서 연습 02에서처럼 단순히 사진만 나열하거나 이번 실습처럼 콘셉트를 정해서 디자인할 수도 있습니다. 어떤 콘셉트로 제작하는지에 따라 난이도가 결정되며, 이번 실습은 의류 상세 페이지 디자인에서 중간 정도의 난이도라고 할 수 있습니다.

이번 실습에서는 6개 영역을 10개 그룹으로 나누어서 작업했습니다. 의류 상세 페이지를 만들 때 가장 중요한 요소는 디테일 컷입니다. 직접 눈으로 보고 사는 것이 아니므로 다양한 각도에서 자세히 촬영한 연출 컷을 세 가지 스타일로 다양하게 배치했습니다. 디테일 컷 연출 사진을 좀 더 다양하게 촬영해서 상세 페이지에 추가해 전체 길이가 길어져도 괜찮습니다. 그다음으로 중요한 것이 사이즈입니다. 제품에 따라 조금씩 차이가 있으므로, 사이즈 때문에 반품되는 일이 없도록 최대한 자세하고 정확하게 작성하는 것이 좋습니다. 완성 결과는 아래 QR 코드를 찍어 웹에서 확인할 수 있으며, 여성의류 상품페이지.psd 파일을 실행하면 레이어가 살아 있는 포토샵 결과물을 확인할 수 있습니다.

찾아보기

찾아보기

찾아보기